21세기 글로벌 시대의
새천자문

(영어천자문·한국한자천자문)

새천자문(영어·한국한자천자문)

발 행 일	2017년 2월 17일

지 은 이	장 주 식		
펴 낸 이	손 형 국		
펴 낸 곳	㈜ 북랩		
편 집 인	선일영	편 집	이종무, 권유선, 송재병, 최예은
디 자 인	이현수, 이정아, 김민하, 한수희	제 작	박기성, 황동현, 구성우
마 케 팅	김회란, 박진관		
출판등록	2004. 12. 1(제2012-000051호)		
주 소	서울시 금천구 가산디지털 1로 168, 우림라이온스밸리 B동 B113, 114호		
홈페이지	www.book.co.kr		
전화번호	(02)2026-5777	팩 스	(02)2026-5747

ISBN   979-11-5987-419-2 03700(종이책) 979-11-5987-420-8 05700(전자책)

이 도서의 국립중앙도서관 출판예정도서목록(CIP)은 서지정보유통지원시스템 홈페이지(http://seoji.nl.go.kr)와
국가자료공동목록시스템(http://www.nl.go.kr/kolisnet)에서 이용하실 수 있습니다.
(CIP제어번호 : CIP2017003582)

(주)북랩 성공출판의 파트너

북랩 홈페이지와 패밀리 사이트에서 다양한 출판 솔루션을 만나 보세요!

홈페이지 book.co.kr	1인출판 플랫폼 해피소드 happisode.com
블로그 blog.naver.com/essaybook	원고모집 book@book.co.kr

새천자문

한글, 한자, 영어 3개 국어로 이해하는
입체적인 한자 학습법

정문 장주식

북랩 book Lab

배우고 때로 익히면

또한 기쁘지 아니 하겠는가!

學而時習之 不亦說乎

학이시습지 불역열호

- 논어 -

To ☞ _____

천 배

만 배

실력이 향상되어

크게 성공하시기를 빌면서

이 책을 드립니다.

....

....

....

From ☞ _____

머리말

  이 책은 지은이가 책을 출판하는 비용과 독자가 책을 사서 읽는 비용을 절약하기 위하여 [새천자문책], [영어천자문책], [한국한자천자문책] 등 3권의 책을 하나로 합하여 1권으로 만들어서 출판하였습니다. 그렇기에 독자는 책 1권 값으로 책 3권을 구입하는 것과 같은 이익을 얻게 됩니다.

새 천 자 문

  오늘날 널리 알려져 있는 천자문(千字文)은 옛날 중국 양(梁)나라(502~549)의 주흥사(周興嗣)라는 사람이 양나라 황제인 무제의 명을 받아 지은 책으로, 1구절이 4자로 이루어진 중국 고대의 시 250구절, 글자 수 1,000자로 되어 있으며, 한문을 처음 배우기 시작한 사람들이 입문서(교과서)로 사용해 온 책입니다.

  우리나라에 천자문이 전하여 들어오게 된 시기는 확실하지는 않지만 신라 법흥왕 8년(521)에 중국 양 나라의 승려 원표가 사신으로 오면서 많은 불경과 함께 천자문을 가지고 왔다고 합니다. 그 후 우리 사회에 널리 보급 되어 왔습니다.

　그러나 이 옛 천자문은 고전으로서는 가치가 있겠지만, 시대적으로 보아 1,400년도 더 지난 책이며, 그 배경도 중국이요, 내용 또한 자연 현상과 도덕 인륜에 대한 지식 용어 등으로 구성되어 있어서 21세기 지구촌 시대인 현대사회를 살아가고 있는 우리 한국인에게는 너무나 거리가 멀고 서로 등지어 맞지 아니합니다.

※ 옛 천자문 일부분 보기

☞ 天 하늘 천 地 땅 지 玄 검을 현 黃 누를 황

　　㈜ = 하늘은 검고 땅은 누르다.

宇 집 우 宙 집 주 洪 넓을 홍 荒 거칠 황

　　㈜ = 우주는 넓고 거칠다.

玉 구슬 옥 出 날 출 崑 뫼 곤 崗 뫼 강

　　㈜ = 옥은 곤강(중국의 지명)에서 난다.

有 있을 유 虞 나라 우 陶 질그릇 도 唐 나라 당

　　㈜ = 유우는 순임금(중국 고대 왕)의 이름이며 도당은 요임금(중국 고대 왕)의 이름이다.

焉 어조사 언 哉 어조사 재 乎 어조사 호 也 어조사 야

　　㈜ = 언재호야는 어조사이다.

그래서 우리 한국인에게 잘 맞도록 현재 우리나라에서 많이 사용하고 있는 한문글자와 우리말 단어들을 골라 뽑아서, 각각 다른 한문글자 1,000자로 500개의 단어를 엮어 이번에 [새천자문]을 만들어 출판하게 되었습니다.

※ [새천자문] 일부분 보기

☞ **家** 집 가 **寶** 보배 보 (뜻) = 한 집안의 보배

健 튼튼할 건 **康** 편안할 강 (뜻) = 몸에 병이 없고 튼튼한 상태

父 아비 부 **母** 어미 모 (뜻) = 아버지와 어머니

孝 효도 효 **誠** 정성 성 (뜻) = 부모를 섬기는 정성

富 가멸 부 **貴** 귀할 귀 (뜻) = 재산이 많고 지위가 높음

영 어 천 자 문

[새천자문]의 한자 1,000 글자를 각 글자의 뜻(훈)에 해당되는 영어단어를 첨가하여, 영어단어 약 1,000 단어 공부에 크게 도움이 될 수 있도록 하려고 [영어천자문]을 만들었습니다.

※ 영어천자문 보기

☞ **天**= 하늘 천, sky 천, 스카이 천

아울러 영어 단어 발음을 쉽게 익힐 수 있도록 우리말과 거의 같은 음을 한글로 적어 놓았습니다. 한자의 뜻 음과 뜻에 해당되는 영어단어와 한문글자의 음을 예를 들어 '天'을 '하늘 천~, sky 천~, 스카이 천~'하면서, 몇 번 반복하여 소리 내어 읽으면, 한자와 영어단어가 동시에 쉽게 익혀지게 될 것입니다.

또 한자 1,000자의 용례(사용하고 있는 보기)를 각 글자마다 단어 세 개씩 도합 3,000개의 단어를 수록하였습니다.

사실 이 책의 한자 1,000자와, 3,500단어(새천자문 본문의 단어 500 개 + 용례의 단어 3,000개), 그리고 영어단어 약 1,000단어 전부를 완전 학습하여 활용한다면, 국내외 어디에서라도 기본 생활상의 말하기, 듣기, 읽기, 쓰기 등의 의사소통은 무난하리라고 생각이 됩니다.

한국한자천자문

우리나라의 주된 어휘의 70% 정도가 한자어로 되어 있기에 한문글자를 모르면 우리말 단어와 우리글 문장을 이해하는 데에 어려움이 많이 따르기 때문에 어려운 한자공부를 따로 하게 됩니다. 한자는 근본적으로 우리 글자가 아닐뿐더러, 한글이나 영문자와는 달리 글자의 구조가 복잡하게 되어 있고, 또 대다수 글자의 획수가 많아서 배우기가 어려울뿐더러 읽기도 어렵고, 쓰기는 더욱 더 어려운 글자입니다.

이러한 연유로 중국 정부에서도 1956년 문자 개혁에 따라 자형을 간략하게 고친 한자, 즉 간체자(簡體字) 2,235자를 제정하여 사용하고 있습니다.

우리나라에서도 오래전부터 한자 약자 약 220자를 만들어 사용하고는 있지만은 글자 수효가 적을 뿐더러 한자 본 글자(번체자=繁體字)보다 획수가 약간 적다는 것뿐이지 배우거나 읽거나 쓰기에는 역시 어려운 한문글자일 따름입니다.

그래서 보다 배우기 쉽고 읽기 쉽고 쓰기 쉬운 한문글자를 새로 고안하여 창제한 글자가 바로 이 [한국한자]입니다.

※ 한 예를 들자면 한자 나라 국<國>자를 [한국한자]로는 <口> 안에 한글
　<국>자를 넣었습니다.

이와 같이 [한국한자]는 중국의 문자인 한자의 일부분과 우리 글자인 한글의 전부를 결합하여 만들었기 때문에 한글을 아는 사람이라면 누구든지 매우 쉽게 배울 수 있고, 쉽게 읽을 수 있으며, 쉽게 쓰기까지 할 수 있을 것입니다.

사실 한글을 읽을 줄 아는 사람이라면 한문 글자나 [한국한자]를 전혀 모르더라도, [한국한자]로 써 놓은 글을 일단은 얼마든지 줄줄 읽을 수가 있습니다. 글자(문자)라는 것은 '말이나 소리를 눈으로 볼 수 있도록 적

어 나타낸 일종의 부호(기호)'이기 때문입니다.

　이제부터는 중국의 한자는 중국한자요, 이 한국식 한자는 [한국한자]라고 지칭하면 될 것입니다. 앞으로 이 [한국한자]가 빠른 시일 내에 우리나라에서 공인(公認)을 받아 통용(通用)되기를 기대하고 있습니다.

　끝으로 이 [새천자문]과 [영어천자문], [한국한자천자문]이 초·중·고·대학생, 고시생, 취업준비생의 학업성적 향상과 1,000만 교육가족의 지육·덕육·충일에 일조는 물론이거니와, 나아가서는 5,000만 우리 민족 모두의 언어문화생활 창달에도 많은 도움이 되기를 바라며, 참고한 문헌의 저자와 물심양면으로 출판에 협조하여 주신 모든 분께 깊은 감사를 드립니다.

2017년 매화 곱게 피어 향기로운 날에
관악산 기슭 정문정에서

장주식 謹識

일러두기

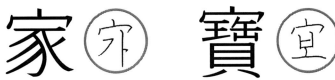

❖ 집 가
❖ house 가
❖ 하우스 가
❖ 家寶 ☞ 한 집안의 보배

❖ 보배 보
❖ treasure 보
❖ 트레저 보

1. 새천자문 ☞ 家[집 가] 寶[보배 보]

2. 영어천자문 ☞ 家[house 가·하우스 가] 寶[treasure 보·트레저 보]

   ※ '家'를 '집 가~, house 가~, 하우스 가~' 하면서, 몇 번 반복하여 소리
   내어 읽으면, 한자와 영어단어가 동시에 쉽게 익혀지게 될 것입니다.

   ※ '寶'를 '보배 보~, treasure 보~, 트레저 보~' 하면서, 몇 번 반복하여
   소리 내어 읽으면, 한자와 영어단어가 동시에 쉽게 익혀지게 될 것입니다.

3. 한국한자천자문 ☞ 家○ 寶○ 원 안의 글자

차례

제1장

ㄱ

家	宀	寶	宀

- ❖ 집 가
- ❖ house 가
- ❖ 하우스 가

- ❖ 보배 보
- ❖ treasure 보
- ❖ 트레저 보

家寶 ☞ 한 집안의 보배

- 家族**가족** - 부부를 기초로 하여 한 가정을 이루는 사람들
- 家親**가친** - 남에게 대하여 자기 아버지를 일컫는 말
- 家庭**가정** - 한 가족이 사는 집안
- 寶鑑**보감** - 모범이 될 만한 사물
- 寶庫**보고** - 귀중한 재화를 넣어두는 창고
- 寶物**보물** - 보배로운 물건

加	力가	算	

- ❖ 더할 가
- ❖ add 가
- ❖ 애드 가

- ❖ 셀 산
- ❖ calculate 산
- ❖ 캘큘레이트 산

加算 ☞ 보태어 계산함

- 加工**가공** - 천연물이나 미완성품에 인공을 더함
- 加勢**가세** - 힘을 보탬
- 加俸**가봉** - 정규의 봉급 외에 특별히 따로 더 주는 봉급
- 算法**산법** - 셈하는 법
- 算數**산수** - 기초적인 셈법
- 算出**산출** - 계산을 해냄

假	化가	飾	식布

* 거짓 가
* unreal 가
* 언리-얼 가

* 꾸밀 식
* decorate 식
* 데커레이트 식

假飾 ☞ 언행을 거짓 꾸밈

* 假想**가상** - 가정적으로 생각함
* 假面**가면** - 나무, 종이 등으로 만든 형상 탈
* 假拂**가불** - 보수를 기일 전에 지불함
* 飾辯**식변** - 말을 잘함
* 飾帶**식대** - 옷에 두르는 장식용의 띠
* 飾僞**식위** - 거짓을 꾸밈

可	口가	憎	忄증

* 옳을 가
* right 가
* 라이트 가

* 미워할 증
* hate 증
* 헤이트 증

可憎 ☞ 얄미움

* 可決**가결** - 의안을 옳다고 결정함
* 可觀**가관** - 볼만함 언행이 꼴답지 않아 비웃을 만함
* 可能**가능** - 할 수 있음
* 憎愛**증애** - 미움과 사랑
* 憎惡**증오** - 몹시 미워함
* 憎唾**증타** - 미워하여 침을 뱉음

覺	곅	醒	酉성

❖ 깨달을 **각**
❖ conscious **각**
❖ 칸셔스 **각**

❖ 깰 **성**
❖ awake **성**
❖ 어웨이크 **성**

覺醒 ☞ 눈을 떠서 정신을 차림

- 覺悟**각오** - 도리를 깨달음
- 覺書**각서** - 의견이나 희망을 상대편에 전달하기 위한 문서
- 覺得**각득** - 깨달아 얻음
- 醒酒湯**성주탕** - 해장국
- 醒醉**성취** - 술에 취함과 술에서 깸
- 醒鐘**성종** - 경시종(종을 쳐서 잠을 깨워주는 시계)

簡	칸	單	단

❖ 편지 **간**
❖ letter **간**
❖ 레터 **간**

❖ 홑 **단**
❖ single **단**
❖ 싱글 **단**

簡單 ☞ 간략함

- 簡潔**간결** - 간단하고 요령 있음
- 簡勁**간경** - 간결하고 힘참
- 簡素**간소** - 간략하고 수수함
- 單價**단가** - 각 단위마다의 값
- 單科大學**단과대학** - 한 가지 계통의 학부로만 구성된 대학
- 單券**단권** - 한 권으로 완결된 책

幹	仐	部	邩

❖ 줄기 간
❖ trunk 간
❖ 트렁크 간

❖ 거느릴 부
❖ command 부
❖ 커맨드 부

幹部 ☞ 단체의 수뇌부의 임원

- 幹事**간사** - 일을 맡아 처리함
- 幹根**간근** - 줄기와 뿌리
- 幹能**간능** - 재간과 지능
- 部內**부내** - 소속의 범위 안
- 部隊**부대** - 일부의 군대
- 部類**부류** - 종류에 따라 나눈 갈래

姦	夵	淫	浺

❖ 간사할 간
❖ crafty 간
❖ 크래프티 간

❖ 음란할 음
❖ lewd 음
❖ 루-드 음

姦淫 ☞ 남녀 간의 부정한 성적 관계

- 姦徒**간도** - 간사한 무리
- 姦吏**간리** - 간사한 관리
- 姦婦**간부** - 간통한 계집
- 淫蕩**음탕** - 주색에 빠져 방탕함
- 淫亂**음란** - 음탕하고 난잡함
- 淫書**음서** - 음탕한 책

懇	곤	切	졀

❖ 정성 간
❖ sincerity 간
❖ 신세러티 간

❖ 끊을 절(모두 체)
❖ cut 절
❖ 커트 절

懇切 ☞ 정성스럽고 절실함

- 懇祈**간기** - 간절히 빎
- 懇念**간념** - 간절한 마음
- 懇談**간담** - 정답게 얘기함
- 切開**절개** - 째어서 엶
- 切急**절급** - 몹시 급함
- 切迫**절박** - 여유가 없이 됨 매우 가까이 닥침

看	갑	板	퍈

❖ 볼 간
❖ look 간
❖ 룩 간

❖ 널빤지 판
❖ board 판
❖ 보어드 판

看板 ☞ 여러 사람이 보도록 내건 표지

- 看過**간과** - 대충 보아 넘김
- 看書**간서** - 글을 눈으로만 읽음
- 看做**간주** - 그렇다고 침
- 板刻**판각** - 그림이나 글씨를 나무 조각에 새김
- 板璧**판벽** - 판자로 만든 벽
- 板硝子**판초자** - 판유리

感		謝	

- ❖ 느낄 감
- ❖ feel 감
- ❖ 피-일 감

- ❖ 사례할 사
- ❖ thank 사
- ❖ 생크 사

感謝 ☞ 고마움

- 感覺감각 - 감촉되어 깨달음
- 感激감격 - 몹시 고맙게 느낌
- 感氣감기 - 추위에 상하여 일어나는 호흡기 계통의 질환
- 謝過사과 - 잘못에 대해 용서를 빎
- 謝禮사례 - 상대자에게 고마운 뜻을 나타냄
- 謝禮金사례금 - 사례하는 뜻으로 주는 돈

鑑		賞	

- ❖ 거울 감
- ❖ mirror 감
- ❖ 미러 감

- ❖ 상줄 상
- ❖ praise 상
- ❖ 프레이즈 상

鑑賞 ☞ 예술 작품을 감식·음미함

- 鑑識감식 - 감정하여 식별함
- 鑑定감정 - 사물의 진부를 감별하여 결정함
- 鑑票감표 - 어떤 표의 진위를 감정함
- 賞狀상장 - 상 주는 뜻을 표하여 주는 문서
- 賞春상춘 - 봄을 맞아 기림
- 賞金상금 - 상으로 주는 돈

監	쌀	獄	옥

- ❖ 볼 감
- ❖ look 감
- ❖ 룩 감

- ❖ 옥 옥
- ❖ prison 옥
- ❖ 프리즌 옥

監獄 ☞ 교도소의 전 이름

- 監禁**감금** - 몸을 가두어 자유를 구속 감시함
- 監督**감독** - 보살펴 단속함
- 監理**감리** - 감독하고 다스림
- 獄苦**옥고** - 옥살이하는 고생
- 獄窓**옥창** - 옥사의 창
- 獄則**옥칙** - 감옥 안의 규칙

强	킁강	硬	石경

- ❖ 굳셀 강
- ❖ strong 강
- ❖ 스트롱– 강

- ❖ 굳을 경
- ❖ hard 경
- ❖ 하어드 경

强硬 ☞ 굳세게 버티어 굽히지 아니함

- 强骨**강골** - 단단한 성품
- 强國**강국** - 강한 나라
- 强力**강력** - 강한 힘
- 硬結**경결** - 단단하게 굳음
- 硬度**경도** - 물체의 단단함과 무른 정도
- 硬性**경성** - 단단한 성질

江		邊	

- ❖ 강 강
- ❖ river 강
- ❖ 리버 강

- ❖ 가 변
- ❖ side 변
- ❖ 사이드 변

江邊 ☞ 강가

- 江流**강류** - 강의 흐름
- 江南**강남** - 서울에서 한강이남 지역을 이름
- 江山**강산** - 강과 산
- 邊境**변경** - 나라의 경계가 되는 변두리 땅
- 邊防**변방** - 변경의 방비
- 邊城**변성** - 변경의 성

皆		勤	

- ❖ 다 개
- ❖ all 개
- ❖ 오-올 개

- ❖ 부지런할 근
- ❖ diligent 근
- ❖ 딜리전트 근

皆勤 ☞ 하루도 빠짐없이 출석함

- 皆旣蝕**개기식** - 개기 월식 개기 일식의 통칭
- 皆納**개납** - 조세 등을 모두 바침
- 皆無**개무** - 전혀 없음
- 勤勉**근면** - 부지런하게 힘씀
- 勤務**근무** - 직무에 종사함
- 勤勞**근로** - 심신을 수고롭게 하여 일에 힘씀

槪		念	

* 대개 개
* generally 개
* 제너럴리 개

* 생각 념
* think 념
* 싱크 념

槪念 ☞ 공통 요소를 추상한 관념

- **槪觀개관** - 대충 살펴봄
- **槪括개괄** - 대충 추려 한데 뭉뚱그림
- **槪略개략** - 대강 추려 줄임
- **念慮염려** - 마음을 놓지 못함 걱정함
- **念願염원** - 내심에 생각하고 원함
- **念讀염독** - 정신을 차려 읽음

改		良	

* 고칠 개
* reform 개
* 리포엄 개

* 어질 량
* good 량
* 굿 량

改良 ☞ 나쁜 점을 고쳐 좋게 함

- **改名개명** - 이름을 고침 또, 그 고친 이름
- **改定개정** - 고쳐 다시 정함
- **改造개조** - 고쳐 다시 만듦
- **良心양심** - 도덕적인 가치를 판단해 사악을 물리치는 의식
- **良書양서** - 좋은 책
- **良好양호** - 매우 좋음

個	個	性	性

- ❖ 낱 개
- ❖ piece 개
- ❖ 피-스 개

- ❖ 성품 성
- ❖ nature 성
- ❖ 네이쳐 성

個性 ☞ 개인의 특성

- 個別**개별** - 하나하나
- 個人**개인** - 낱낱의 사람
- 個體**개체** - 독립하여 존재하는 낱낱의 물체
- 性品**성품** - 성질과 됨됨이
- 性情**성정** - 성질과 심정
- 性別**성별** - 남녀의 구별

開	開	拓	拓

- ❖ 열 개
- ❖ open 개
- ❖ 오우펀 개

- ❖ 넓힐 척(밀칠 탁)
- ❖ develop 척
- ❖ 디벨럽 척

開拓 ☞ 새로운 분야에 처음으로 손을 댐

- 開講**개강** - 강좌, 강습회 등을 시작함
- 開校**개교** - 새로 세운 학교에서 수업을 시작함
- 開學**개학** - 학교에서 한동안 쉬었다가 다시 수업을 시작함
- 拓地**척지** - 땅을 개척함
- 拓落**척락** - 불우한 환경에 빠짐
- 拓土**척토** - 토지를 개척함

去		來	

❖ 갈 거
❖ go 거
❖ 고우 거

❖ 올 래
❖ come 래
❖ 컴 래

去來 ☞ 물건 매매나 금전 대차 하는 일

- 去勢**거세** - 세력을 제거함
- 去殼**거각** - 껍질을 벗겨 버림
- 去年**거년** - 지난 해
- 來校**내교** - 딴 데서 학교에 옴
- 來往**내왕** - 오고 감
- 來日**내일** - 오늘의 바로 다음 날

距	距거	離	리隹

❖ 떨어질 거
❖ distant 거
❖ 디스턴트 거

❖ 떠날 리
❖ leave 리
❖ 리-브 리

距離 ☞ 두 곳 사이의 떨어진 정도

- 距骨**거골** - 복사뼈
- 距躍**거약** - 뛰어오르거나 뛰어넘음
- 距跳**거도** - 뛰어 오름
- 離別**이별** - 서로 갈려 떨어짐
- 離陸**이륙** - 비행기 따위가 땅에서 떠오름
- 離農**이농** - 농사짓는 일을 그만 두고 농촌을 떠남

居	尻	室	

❖ 살 거
❖ live 거
❖ 리브 거

❖ 집 실
❖ room 실
❖ 루-움 실

居室 ☞ 거처하는 방

- 居處거처 - 한 군데 정하여 두고 일상 기거함
- 居民거민 - 그 땅에 사는 백성 주민
- 居住地거주지 - 현재 거주하고 있는 장소
- 室內靴실내화 - 실내에서만 신는 신
- 室外실외 - 방의 밖
- 室人실인 - 자기의 아내를 일컫는 말

健	伩	康	

튼튼할 건
healthy 건
헬시 건

편안할 강
well 강
웰 강

健康 ☞ 몸에 병이 없고 튼튼한 상태

- 健忘건망 - 잘 잊어버림
- 健步건보 - 잘 걷는 걸음 보행을 잘함
- 健在건재 - 아무 탈 없이 잘 있음
- 康寧강녕 - 건강하고 마음이 편안함
- 康樂강락 - 몸이 편안하여 마음이 즐거움
- 康福강복 - 건강하고 행복함

檢		索	

- ❖ 조사할 검
- ❖ examine 검
- ❖ 이그재민 검

- ❖ 찾을 색(동아줄 삭)
- ❖ seek 색
- ❖ 시-크 색

檢索 ☞ 조사하여 찾아봄

- 檢脈**검맥** - 맥을 짚어 검사함 진맥
- 檢査**검사** - 사실을 조사하여 선악 시비를 판단함
- 檢問**검문** - 검사하고 물음
- 索出**색출** - 뒤지어 찾아냄
- 索引**색인** - 책의 내용을 찾아보기 쉽게 꾸며 놓은 목록
- 索漠**삭막** - 황폐하여 쓸쓸함

激		怒	

- ❖ 부딪칠 격
- ❖ bump 격
- ❖ 범프 격

- ❖ 성낼 노
- ❖ angry 노
- ❖ 앵그리 노

激怒 ☞ 격렬하게 성냄

- 激論**격론** - 격렬한 언론 또는 논쟁
- 激勵**격려** - 격동하여 장려함 분기시킴
- 激減**격감** - 급격하게 줆
- 怒發大發**노발대발** - 대단히 성을 냄 몹시 노함
- 怒氣**노기** - 성이 난 얼굴 빛
- 怒濤**노도** - 무섭게 밀려오는 큰 물결

絹	*絹*	織	*織*

- ❖ 명주 견
- ❖ silk 견
- ❖ 실크 견

- ❖ 짤 직
- ❖ weave 직
- ❖ 위-브 직

絹織 ☞ 명주실로 피륙을 짬

- 絹絲**견사** - 비단 실
- 絹本**견본** - 서화에 쓰기 위한 깁바탕
- 絹布**견포** - 비단으로 짠 베
- 織機**직기** - 피륙을 짜는 기계
- 織女**직녀** - 피륙을 짜는 여자 직부(織婦)
- 織造**직조** - 틀로 피륙 등을 짜는 일

結	*結*	婚	*婚*

- ❖ 맺을 결
- ❖ tie 결
- ❖ 타이 결

- ❖ 혼인할 혼
- ❖ marry 혼
- ❖ 매리 혼

結婚 ☞ 남녀가 부부 관계를 맺음

- 結果**결과** - 어떤 원인으로 생길 결말의 상태
- 結付**결부** - 연결시켜 붙임
- 結論**결론** - 말이나 글의 끝맺는 부분
- 婚談**혼담** - 혼인을 정하기 위하여 오가는 말
- 婚禮**혼례** - 혼인의 예절
- 婚班**혼반** - 서로 혼인을 맺을 만한 지체

謙		遜	

❖ 겸손 겸
❖ modesty 겸
❖ 마디스티 겸

❖ 겸손 손
❖ modesty 손
❖ 마디스티 손

謙遜 ☞ 남을 높이고 제 몸을 낮추는 태도

- 謙辭**겸사** - 겸손한 말, 겸손하게 사양함
- 謙恭**겸공** - 자기를 낮추고 남을 공경함
- 謙讓**겸양** - 겸손한 태도로 사양함
- 遜讓**손양** - 겸손하여 사양함
- 遜位**손위** - 임금의 자리를 사양함
- 遜避**손피** - 겸손하여 피함

頃	경頁	刻	

❖ 잠깐 경
❖ while 경
❖ 와일 경

❖ 새길 각
❖ carve 각
❖ 카어브 각

頃刻 ☞ 극히 짧은 시간 삽시(霎時)

- 萬頃蒼波**만경창파** - 한없이 넓고 넓은 바다
- 頃者**경자** - 요즈음, 근자에
- 頃步**경보** - 반걸음
- 刻苦**각고** - 몹시 애씀
- 刻薄**각박** - 아주 혹독하고 인정이 없음
- 刻一刻**각일각** - 시간이 지나감에 따라 더욱 더

❖ 경계할 경 ❖ warn 경 ❖ 원 경		❖ 경계할 계 ❖ warn 계 ❖ 원 계	

警戒 ☞ 잘못이 없도록 미리 조심함

- 警覺心**경각심** - 정신을 가다듬어 조심하는 마음
- 警告**경고** - 주의하라고 경계하여 알림
- 警句**경구** - 기발한 감상을 간결하게 표현한 구
- 戒嚴**계엄** - 경계를 엄중히 함
- 戒嚴令**계엄령** - 국가 원수가 계엄 실시를 선포하는 명령
- 戒律**계율** - 스님이 지켜야 할 율법

❖ 가벼울 경 ❖ light 경 ❖ 라이트 경		❖ 허망할 망 ❖ absurd 망 ❖ 어브서-드 망	

輕妄 ☞ 짓이나 말이 경솔함

- 輕減**경감** - 감하여 가볍게 함
- 輕蔑**경멸** - 깔보고 업신여김
- 輕率**경솔** - 언행이 진중하지 못하고 가벼움
- 妄靈**망령** - 정신이 흐려서 언행이 보통에 어그러지는 일
- 妄行**망행** - 망령된 행동
- 妄悖**망패** - 허망하고 상리(常理)에 벗어남

耕		作	

❖ 갈 경
❖ plough 경
❖ 플라우 경

❖ 지을 작
❖ make 작
❖ 메이크 작

耕作 ☞ 땅을 갈아 농사를 지음

- 耕墾**경간** - 논밭을 개간하여 경작함
- 耕食**경식** - 농사를 지어 살아감
- 耕地**경지** - 땅을 갈음 농지로 하는 땅
- 作家**작가** - 문예 작품의 저작자
- 作黨**작당** - 떼를 지음
- 作心三日**작심삼일** - 결심이 견고하지 못함

景		致	攽

❖ 빛 경
❖ sunshine 경
❖ 선샤인 경

❖ 이를 치
❖ reach 치
❖ 리-취 치

景致 ☞ 산수 등 자연계의 아름다운 현상

- 景光**경광** - 상서로운 빛, 은덕, 영예
- 景福**경복** - 커다란 행복
- 景品**경품** - 파는 물건에 곁들여 주는 물건
- 致賀**치하** - 남의 경사에 대하여 축하의 말을 하는 인사
- 致富**치부** - 재물을 모아 부자가 됨
- 致命**치명** - 죽을 지경에 이름

溪		谷	

- ❖ 시내 계
- ❖ brook 계
- ❖ 브룩 계

- ❖ 골 곡
- ❖ valley 곡
- ❖ 밸리 곡

溪谷 ☞ 물이 흐르는 골짜기

- 溪流**계류** - 산골짜기에 흐르는 시냇물
- 溪水**계수** - 시냇물
- 淸溪川**청계천** - 서울 시가에 있는 개천, 일명 개천(開川)
- 谷泉**곡천** - 골짜기에서 흐르는 샘
- 谷口哩**곡구리** - 꾀꼬리
- 谷澗**곡간** - 산골짜기에 흐르는 시내

階		段	

- ❖ 섬돌 계
- ❖ stair 계
- ❖ 스테어 계

- ❖ 구분 단
- ❖ division 단
- ❖ 디비전 단

階段 ☞ 층층대, 일을 이루는 단계

- 階級**계급** - 관위, 신분 등의 상하 등급
- 階梯**계제** - 사닥다리, 순서, 기회
- 階次**계차** - 지위가 높고 낮음
- 段落**단락** - 일정한 정도에서 일이 일단 끝나는 일
- 段地**단지** - 층이 진 땅
- 段別**단별** - 어떠한 계단을 단위로 한 구별

鷄	鷄	卵	卵

- ❖ 닭 계
- ❖ hen(cock) 계
- ❖ 헨(콕) 계

- ❖ 알 란
- ❖ egg 란
- ❖ 에그 란

鷄卵 ☞ 달걀

- 鷄冠계관 - 닭의 볏
- 鷄鳴계명 - 닭의 울음
- 鷄肋계륵 - 가치는 없으나 버리기가 아까움을 일컫는 말
- 卵子난자 - 성숙한 난세포
- 卵狀난상 - 달걀꼴
- 卵黃난황 - 알의 노른자위

契	契	約	約

- ❖ 맺을 계
- ❖ bond 계
- ❖ 반드 계

- ❖ 묶을 약
- ❖ bind 약
- ❖ 바인드 약

契約 ☞ 약속 · 약정

- 契機계기 - 어떤 일이 일어나거나 결정되는 근거
- 契分계분 - 친한 벗 사이의 두터운 정분
- 契券계권 - 계약서
- 約束약속 - 할 일에 관해 상대방과 서로 언약하여 정함
- 約婚약혼 - 혼인의 약속
- 約定약정 - 일을 약속하여 정함

季	곜	節	졀

❖ 끝 계
❖ last 계
❖ 라스트 계

❖ 마디 절
❖ joint 절
❖ 조인트 절

季節 ☞ 일 년을 춘하추동으로 나눈 철

- 季嫂계수 - 아우의 아내, 제수(弟嫂)
- 季世계세 - 말세(末世)
- 季指계지 - 새끼손가락
- 節約절약 - 아껴 씀
- 節度절도 - 일이나 행동을 똑똑 끊어 맺는 마디
- 節錄절록 - 알맞게 줄이어 기록함

枯	朾	渴	

❖ 마를 고
❖ withered 고
❖ 위더드 고

❖ 목마를 갈
❖ thirsty 갈
❖ 서-스티 갈

枯渴 ☞ 물이 말라 없어짐

- 枯木고목 - 말라 죽은 나무
- 枯淡고담 - 청렴결백하여 욕심이 없음
- 枯死고사 - 나무나 풀이 말라 죽음
- 渴症갈증 - 목이 말라 물을 마시고 싶은 느낌
- 渴筆갈필 - 뻣뻣한 털로 맨 그림 붓
- 渴望갈망 - 간절히 바람 열망(熱望)

古	古	談	談

* 옛 고
* old 고
* 오울드 고

* 말씀 담
* word 담
* 워-드 담

古談 ☞ 옛 이야기

- 古宮**고궁** - 옛 궁전
- 古今東西**고금동서** - 예와 이제, 동양과 서양
- 古書**고서** - 옛날의 책, 고본(古本)
- 談話**담화** - 어떤 일에 대한 의견이나 태도를 밝히는 말
- 談笑**담소** - 웃으면서 이야기함
- 談合**담합** - 입찰자끼리 미리 입찰 가격을 협정하는 일

考	考	察	察

* 상고할 고
* examine 고
* 이그재민 고

* 살필 찰
* watch 찰
* 와취 찰

考察 ☞ 상고하여 살피어 봄

- 考古學**고고학** - 옛 것을 과학적으로 연구를 하는 학문
- 考案**고안** - 어떤 일을 생각하여 냄
- 考證**고증** - 옛 문헌을 상고하여 증거를 찾아 설명함
- 察覽**찰람** - 분명히 봄
- 察考**찰고** - 가톨릭교회에서 교리지식을 확인하기 위한 시험
- 察知**찰지** - 살펴서 앎

高	立	層	

- ❖ 높을 고
- ❖ high 고
- ❖ 하이 고

- ❖ 층 층
- ❖ storied 층
- ❖ 스토리드 층

高層 ☞ 층이 높이 겹쳐 있는 것

- 高等學校**고등학교** - 중등 교육 또는 실업 교육을 하는 학교
- 高官**고관** - 지위가 높은 관리
- 高級**고급** - 높은 계급이나 등급
- 層樓**층루** - 여러 층으로 지은 누각
- 層等**층등** - 서로 같지 않은 등급
- 層數**층수** - 층의 수효

苦	苙	痛	

- ❖ 괴로울 고
- ❖ bitterness 고
- ❖ 비터니스 고

- ❖ 아플 통
- ❖ pain 통
- ❖ 페인 통

苦痛 ☞ 괴로움과 아픔

- 苦悶**고민** - 괴로워하고 번민함
- 苦生**고생** - 어렵고 괴로운 생활
- 苦難**고난** - 괴로움과 어려움
- 痛憤**통분** - 원통하고 분함
- 痛症**통증** - 아픈 증세
- 痛快**통쾌** - 아주 유쾌하고 시원함

恭	㳟	敬	㪉

- ❖ 공손할 공
- ❖ courtesy 공
- ❖ 커-티시 공

- ❖ 공경할 경
- ❖ respect 경
- ❖ 리스펙트 경

恭敬 ☞ 공손히 섬김

- 恭遜**공손** - 공경하고 겸손함
- 恭待**공대** - 공경하고 대우함
- 恭謙**겸공** - 삼가 자기를 낮춤
- 敬虔**경건** - 공경하는 마음으로 깊이 삼가고 조심함
- 敬待**경대** - 공경하여 대접함
- 敬老**경로** - 늙은이를 공경함

供	佮	給	絟

- ❖ 이바지할 공
- ❖ offer 공
- ❖ 아퍼 공

- ❖ 줄 급
- ❖ give 급
- ❖ 기브 급

供給 ☞ 수요에 응하여 물품을 제공함

- 供述**공술** - 심문에 대하여 행하는 진술
- 供養**공양** - 부처에게 음식 향 따위를 올림
- 供出**공출** - 물건을 제공하여 내놓음
- 給食**급식** - 식사를 제공함
- 給與**급여** - 돈이나 물건을 줌
- 給仕**급사** - 관공서 등에서 심부름 하는 아이 사환

工		場	

- ❖ 장인 공
- ❖ artisan 공
- ❖ 아어터즌 공

- ❖ 마당 장
- ❖ place 장
- ❖ 플레이스 장

工場 ☞ 공작을 하는 곳

- 工業**공업** - 원료를 가공 정제하는 생산업의 부문
- 工事**공사** - 토목건축 등의 역사(役事)
- 工具**공구** - 공작에 쓰이는 기구
- 場內**장내** - 어떠한 처소의 안
- 場面**장면** - 영화, 연극 등의 한 정경
- 場所**장소** - 처소(處所), 자리

公		衆	

- ❖ 공변될 공
- ❖ public 공
- ❖ 퍼블릭 공

- ❖ 무리 중
- ❖ crowd 중
- ❖ 크라우드 중

公衆 ☞ 사회의 일반 여러 사람들

- 公器**공기** - 공중의 물건
- 公館**공관** - 공용 건물
- 公立**공립** - 지방 자치 단체가 설립함
- 衆寡**중과** - 많음과 적음
- 衆口**중구** - 많은 사람들의 입에서 나온 말
- 衆妙**중묘** - 여러 자연의 뛰어난 이치

寡	宀	聞	耴

❖ 적을 과
❖ few 과
❖ 퓨- 과

❖ 들을 문
❖ hear 문
❖ 히어 문

寡聞 ☞ 들은 것이 적다는 뜻

- 寡婦**과부** - 남편을 잃은 여자, 미망인(未亡人)
- 寡少**과소** - 아주 적음
- 寡人**과인** - 왕이 자기를 낮추어 이르는 말
- 聞得**문득** - 들어서 얻음
- 聞道**문도** - 도를 들음
- 聞所聞**문소문** - 소문으로 전해 들음

誇	訏	示	示

❖ 자랑 과
❖ boast 과
❖ 보우스트 과

❖ 보일 시
❖ exhibit 시
❖ 이그지비트 시

誇示 ☞ 자랑해 보임

- 誇張**과장** - 실지보다 지나치게 나타냄
- 誇稱**과칭** - 뽐내어 말함 사실을 늘이어 말함
- 誇大**과대** - 작은 것을 큰 것처럼 과장함
- 示教**시교** - 보여 가르침
- 示度**시도** - 기압이 나타내는 압력의 정도
- 示唆**시사** - 미리 그 뜻을 암시하여 일러 줌

關		係	係

❖ 빗장 관
❖ bolt 관
❖ 보울트 관

❖ 맬 계
❖ tie 계
❖ 타이 계

關係 ☞ 둘 이상이 서로 걸림

- 關鍵**관건** - 사물의 중요한 부분 빗장과 열쇠
- 關門**관문** - 중요한 출입구
- 關與**관여** - 그 일에 관계함
- 係員**계원** - 어떤 부분의 일을 맡아 보는 사람
- 係累**계루** - 이어서 얽어 맴
- 係着**계착** - 마음에 늘 걸려 있음

觀		光	

❖ 볼 관
❖ look 관
❖ 룩 관

❖ 빛 광
❖ light 광
❖ 라이트 광

觀光 ☞ 풍광, 문물, 풍속 등을 유람함

- 觀念**관념** - 생각, 견해
- 觀察**관찰** - 사물을 주의하여 살펴 봄
- 觀望**관망** - 형세를 바라봄
- 光塔**광탑** - 등대
- 光彩**광채** - 찬란한 빛
- 光明**광명** - 밝고 환함

鑛		脈	

- ❖ 쇳돌 광
- ❖ ore 광
- ❖ 오어 광

- ❖ 맥 맥
- ❖ vein 맥
- ❖ 베인 맥

鑛脈 ☞ 광물이 매장되어 있는 줄기

- 鑛口**광구** - 광물을 파내는 구덩이의 입구
- 鑛量**광량** - 땅 속에 매장되어 있는 광물의 양
- 鑛夫**광부** - 광산에서 광물을 캐는 일꾼
- 脈度**맥도** - 맥이 뛰는 정도
- 脈壓**맥압** - 최고 혈압과 최저 혈압의 차
- 脈診**맥진** - 맥박의 수나 강약으로 병세를 판단하는 진단법

廣		野	

- ❖ 넓을 광
- ❖ broad 광
- ❖ 브로-드 광

- ❖ 들 야
- ❖ field 야
- ❖ 피-일드 야

廣野 ☞ 너른 들

- 廣告**광고** - 널리 알림
- 廣大**광대** - 넓고 큼
- 廣漠**광막** - 넓고 아득함
- 野望**야망** - 분에 훨씬 넘치는 희망
- 野球**야구** - 미국에서 발달한 9인조 경기
- 野山**야산** - 들 근처의 나지막한 산

❖ 사귈 교
❖ associate 교
❖ 어소우쉬에이트 교

❖ 건널 섭
❖ ford 섭
❖ 포어드 섭

交涉 ☞ 일을 이루려고 서로 의논함

- 交信교신 - 통신을 주고받음
- 交際교제 - 서로 사귐
- 交代교대 - 서로 번갈아 들어 대신함
- 涉獵섭렵 - 여러 가지 책을 많이 읽음
- 涉世섭세 - 세상을 지냄, 살아 감
- 涉外섭외 - 외부와 연락, 교섭하는 일

❖ 가르칠 교
❖ teach 교
❖ 티-취 교

❖ 기를 육
❖ cultivate 육
❖ 컬티베이트 육

教育 ☞ 가르치어 기름

- 敎科교과 - 가르치는 과목
- 敎科書교과서 - 학교의 교과용으로 편찬된 도서
- 敎官교관 - 군대의 훈련소 등에서 교직에 종사하는 장교
- 育成육성 - 길러서 키움
- 育英육영 - 영재를 교육함
- 育兒육아 - 어린 아이를 기름

球	球	根	根

- 공 구
- ball 구
- 보-올 구

- 뿌리 근
- root 근
- 루-트 근

球根 ☞ 둥글게 되어 있는 식물의 뿌리

- 球團구단 - 직업 야구, 축구 등을 사업으로 하는 단체
- 球技구기 - 공을 사용하는 운동 경기
- 球菌구균 - 구상(球狀)으로 된 세균의 총칭
- 根本근본 - 사물의 본바탕
- 根性근성 - 근본이 되는 성질
- 根據근거 - 사물의 근본이 되는 토대

構	構	圖	圖

- 얽을 구
- bind 구
- 바인드 구

- 그림 도
- picture 도
- 픽쳐 도

構圖 ☞ 조화되게 배치하는 도면

- 構內구내 - 큰 건물의 울 안
- 構想구상 - 생각을 얽어 놓음
- 構成구성 - 얽어서 만듦
- 圖表도표 - 그림으로 그려서 나타낸 표
- 圖謀도모 - 어떤 일을 이루려고 수단과 방법을 꾀함
- 圖書도서 - 글씨, 그림, 서적 등의 총칭

口		鼻	

❖ 입 구
❖ mouth 구
❖ 마우스 구

❖ 코 비
❖ nose 비
❖ 노우즈 비

口鼻 ☞ 입과 코

- 口腔**구강** - 입 안
- 口頭**구두** - 입으로 직접 하는 말
- 口辯**구변** - 말솜씨
- 鼻腔**비강** - 코 안
- 鼻水**비수** - 콧물
- 鼻笑**비소** - 코웃음

拘	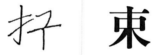	束	

❖ 잡을 구
❖ restrain 구
❖ 리스트레인 구

❖ 묶을 속
❖ bundle 속
❖ 번들 속

拘束 ☞ 체포하여 신체를 속박함

- 拘禁**구금** - 신체에 구속을 가하여 가두어 둠
- 拘留**구류** - 잡아 가둠
- 拘引**구인** - 잡아끌고 감
- 束縛**속박** - 얽어매어서 자유를 구속함
- 束數**속수** - 다발의 수효
- 束手無策**속수무책** - 손을 묶은 듯이 어찌할 방책이 없음

區	臣	域	士역

❖ 나눌 구
❖ partition 구
❖ 파어티션 구

❖ 지경 역
❖ boundary 역
❖ 바운더리 역

區域 ☞ 분할하여 놓은 지역

- 區間구간 - 일정한 지점의 사이
- 區區私情구구사정 - 사소한 사정
- 區內구내 - 한 구역의 안
- 域內역내 - 일정한 구역의 안
- 域外역외 - 구역의 밖
- 域中역중 - 구역 또는 지역의 안

菊	莟	花	莘

❖ 국화 국
❖ chrysanthemum 국
❖ 크리샌서멈 국

❖ 꽃 화
❖ flower 화
❖ 플라우어 화

菊花 ☞ 엉거시과 국화 속에 속하는 식물

- 菊月국월 - 음력 9월의 딴 이름
- 菊半截국반절 - 서적의 형체의 하나, 국판의 절반
- 菊花石국화석 - 국화 모양의 화석(化石)
- 花客화객 - 꽃의 구경꾼
- 花莖화경 - 꽃이 달리는 줄기
- 花期화기 - 꽃피는 시절

群		島	

❖ 무리 군
❖ flock 군
❖ 플락 군

❖ 섬 도
❖ isle 도
❖ 아일 도

群島 ☞ 모여 있는 크고 작은 섬들

- 群黨군당 - 많은 무리
- 群星군성 - 많은 별
- 群衆군중 - 한 곳에 모여 있는 사람의 무리
- 島嶼도서 - 크고 작은 섬들
- 島夷도이 - 섬나라의 오랑캐
- 島國도국 - 섬나라

君		恩	

❖ 임금 군
❖ king 군
❖ 킹 군

❖ 은혜 은
❖ favor 은
❖ 페이버 은

君恩 ☞ 임금의 은혜

- 君權군권 - 군주의 권력
- 君德군덕 - 군주로서의 덕
- 君臨군림 - 절대적 세력을 가진 자가 남을 압도 하는 일
- 恩功은공 - 은혜와 공로
- 恩德은덕 - 은혜와 덕
- 恩典은전 - 나라에서 내리는 혜택에 관한 특전

屈	屋	服	服

- ❖ 굽힐 굴
- ❖ bend 굴
- ❖ 벤드 굴

- ❖ 옷 복
- ❖ clothes 복
- ❖ 클로우드즈 복

屈服 ☞ 힘이 못 미쳐 복종함

- 屈曲**굴곡** - 이리 저리 구부러짐
- 屈伸**굴신** - 굽혔다 폈다함
- 屈指**굴지** - 손가락을 꼽거나 꼽을 만 함
- 服務**복무** - 맡은 일을 봄
- 服藥**복약** - 약을 먹음
- 服裝**복장** - 옷차림

歸	枡	省	

- ❖ 돌아갈 귀
- ❖ return 귀
- ❖ 리터-언 귀

- ❖ 살필 성(덜 생)
- ❖ watch 성
- ❖ 와취 성

歸省 ☞ 객지에서 고향에 돌아감

- 歸順**귀순** - 적이 굴복하고 순종함
- 歸家**귀가** - 집으로 돌아오거나 돌아감
- 歸化**귀화** - 외국의 국적에 들어가 그 국민이 됨
- 省墓**성묘** - 조상의 산소를 찾아가서 살피어 돌봄
- 省察**성찰** - 반성하여 살핌
- 省略**생략** - 일정한 절차에서 일부분을 빼거나 줄임

規		則	

❖ 법 규
❖ law 규
❖ 로- 규

❖ 법칙 칙(곧 즉)
❖ rule 칙
❖ 룰- 칙

規則 ☞ 지키기로 결정한 법칙

- 規範규범 - 법
- 規定규정 - 규칙을 정함
- 規模규모 - 물건의 크기
- 則度칙도 - 법도(法度)
- 則效칙효 - 모범을 삼아 배움
- 然則연즉 - 그러면

均		等	

❖ 고를 균
❖ even 균
❖ 이-번 균

❖ 가지런할 등
❖ rank 등
❖ 랭크 등

均等 ☞ 고르고 가지런히 차별이 없음

- 均衡균형 - 치우침이 없이 쭉 고름
- 均排균배 - 고르게 나눔
- 均一균일 - 한결같이 고름
- 等級등급 - 높고 낮음의 차례를 분별한 층수
- 等角등각 - 서로 같은 각
- 等距離등거리 - 여러 가지 사물에 같은 비중을 두는 일

僅		少	

❖ 겨우 근 ❖ barely 근 ❖ 베얼리 근	❖ 적을 소 ❖ few 소 ❖ 퓨- 소

僅少 ☞ 아주 적어서 얼마 되지 않음

- 僅僅**근근** - 겨우
- 僅僅得生**근근득생** - 간신히 살아감
- 僅僅扶持**근근부지** - 겨우 배겨감, 억지로 버티어 감
- 少女**소녀** - 아직 완전히 성숙하지 않은 여자 아이
- 少年**소년** - 아직 완전히 성숙하지 않은 남자 아이
- 少量**소량** - 적은 분량

禽		獸	

❖ 날짐승 금 ❖ bird 금 ❖ 버-드 금	❖ 짐승 수 ❖ beast 수 ❖ 비-스트 수

禽獸 ☞ 날짐승과 길짐승 · 모든 짐승

- 禽獸魚蟲**금수어충** - 새 짐승 물고기 벌레, 곧 모든 동물
- 禽鳥**금조** - 날짐승, 새
- 禽語**금어** - 새의 지저귀는 소리
- 獸性**수성** - 잔인한 성질
- 獸心**수심** - 짐승과 같은 마음
- 獸慾**수욕** - 짐승과 같은 모질고 사나운 욕심

禁	示示	煙	火연

- 금할 금
- forbid 금
- 퍼비드 금

- 연기 연
- smoke 연
- 스모우크 연

禁煙 ☞ 담배를 피우지 못하게 함

- 禁止**금지** - 말려서 하지 못하게 함
- 禁足令**금족령** - 외출을 금하는 명령
- 禁鳥**금조** - 보호조(保護鳥)
- 煙氣**연기** - 물건이 탈 때에 나는 검거나 뿌연 기체
- 煙毒**연독** - 연기 속에 포함된 독기
- 煙突**연돌** - 굴뚝

機	村기	械	村계

- 틀 기
- loom 기
- 루-움 기

- 기구 계
- machine 계
- 머쉬-인 계

機械 ☞ 작업을 하도록 만든 도구

- 機甲兵**기갑병** - 기갑 부대의 기갑 장비에 딸린 병사
- 機先**기선** - 일이 바야흐로 일어나려고 할 바로 그 순간
- 機略**기략** - 임기응변의 계략
- 械器**계기** - 연장
- 械繫**계계** - 형구로 얽어매어서 꼼짝 못하게 함
- 機械力**기계력** - 기계의 힘

技	扌기	能	肜능

- ❖ 재주 기
- ❖ skill 기
- ❖ 스킬 기

- ❖ 능할 능
- ❖ able 능
- ❖ 에이블 능

技能 ☞ 기술상의 재능

- 技巧**기교** - 솜씨가 아주 묘함
- 技術**기술** - 공예의 재주
- 技藝**기예** - 기술상의 재주와 솜씨
- 能力**능력** - 일을 감당해 내는 힘
- 能動**능동** - 제 마음에 내켜서 함
- 能率**능률** - 일정한 시간에 해낼 수 있는 일의 비율

奇	긝기	巖	

- ❖ 기이할 기
- ❖ strange 기
- ❖ 스트레인지 기

- ❖ 바위 암
- ❖ rock 암
- ❖ 라크 암

奇巖 ☞ 이상한 바위

- 奇怪**기괴** - 이상야릇함
- 奇巧**기교** - 기이하고 공교함
- 奇想天外**기상천외** - 보통사람이 할 수 없는 엉뚱한 생각
- 巖石**암석** - 바위
- 巖壁**암벽** - 벽 모양으로 깎아지른 듯 높이 솟은 바위
- 巖山**암산** - 바위가 많은 산

祈	祈	願	願

- ❖ 빌 기
- ❖ pray 기
- ❖ 프레이 기

- ❖ 원할 원
- ❖ desire 원
- ❖ 디자이어 원

祈願 ☞ 소원이 이루어지기를 빎

- 祈禱**기도** - 신명에게 빎
- 祈福**기복** - 복을 빎
- 祈雨**기우** - 날이 가물 때 비가 오기를 빎
- 願書**원서** - 청원하는 뜻을 기록한 문서
- 願納**원납** - 자원하여 재물을 바침
- 願意**원의** - 바라는 의사

記	記	者	者

- ❖ 기록할 기
- ❖ record 기
- ❖ 리코어드 기

- ❖ 사람 자
- ❖ man 자
- ❖ 맨 자

記者 ☞ 기사를 취재나 편집하는 사람

- 記事**기사** - 사실을 적음
- 記錄**기록** - 남길 필요가 있는 사항을 적는 일
- 記帳**기장** - 장부를 기록함
- 筆者**필자** - 글을 쓴 사람
- 編者**편자** - 책을 엮은이
- 農者**농자** - 농사, 농업의 뜻

寄	宁	贈	貼증

❖ 부칠 기
❖ lodge 기
❖ 랏지 기

❖ 줄 증
❖ present 증
❖ 프레즌트 증

寄贈 ☞ 물품을 보내어 증정함

- 寄稿**기고** - 원고를 신문사나 잡지사 같은 곳에 보냄
- 寄附**기부** - 어떠한 일에 보조의 목적으로 재물을 바침
- 寄託**기탁** - 부탁하여 맡기어 둠
- 贈與**증여** - 재산을 무상(無償)으로 양여(讓與)하는 일
- 贈呈**증정** - 물건을 드림
- 贈與稅**증여세** - 증여받은 사람에게 물리는 세금

基	김	礎	石초

❖ 터 기
❖ base 기
❖ 베이스 기

❖ 주춧돌 초
❖ foundation stone 초
❖ 파운데이션 스토운 초

基礎 ☞ 사물의 밑바탕 · 토대

- 基本**기본** - 사물의 기초와 근본
- 基幹**기간** - 본바탕이 되는 줄기
- 基盤**기반** - 터전
- 礎石**초석** - 주춧돌
- 礎稿**초고** - 퇴고(推敲)의 바탕이 된 원고
- 礎器**초기** - 도자기를 구울 때 올려놓는 굽 높은 받침

企	仚	劃	劃

- ❖ 꾀할 기
- ❖ plan 기
- ❖ 플랜 기

- ❖ 그을 획
- ❖ divide 획
- ❖ 디바이드 획

企劃 ☞ 일을 계획함

- 企業**기업** - 어떠한 사업을 계획함 또, 그 사업
- 企業體**기업체** - 기업을 진행하는 업체
- 企業主**기업주** - 어떤 기업의 소유자
- 劃期的**획기적** - 새 시대를 긋는 상태
- 劃一**획일** - 똑 골라서 한결 같음
- 劃定**획정** - 명확히 구별해 정함

吉	吉	凶	凶

- ❖ 좋을 길
- ❖ lucky 길
- ❖ 러키 길

- ❖ 흉할 흉
- ❖ inhuman 흉
- ❖ 인휴먼 흉

吉凶 ☞ 좋은 일과 나쁜 일

- 吉事**길사** - 좋은 일
- 吉日**길일** - 좋은 날
- 吉兆**길조** - 좋은 일이 있을 조짐
- 凶年**흉년** - 농작물이 잘 되지 않은 해
- 凶夢**흉몽** - 불길한 꿈
- 凶事**흉사** - 궂은 일

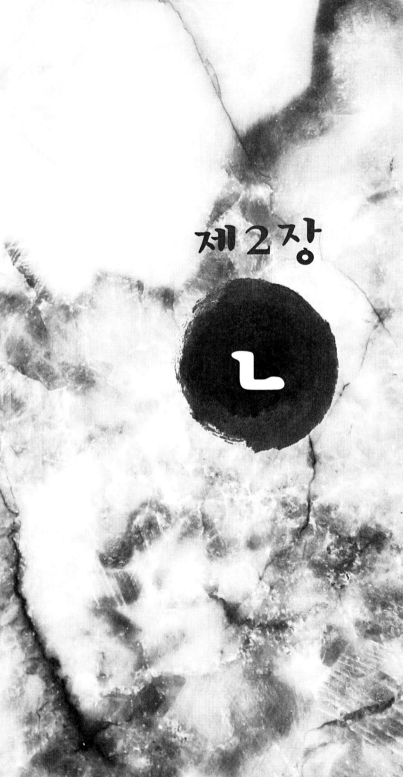

제 2 장

ㄴ

欄	枡	干	간

❖ 난간 난
❖ rail 난
❖ 레일 난

❖ 방패 간
❖ shield 간
❖ 쉴-드 간

欄干 ☞ 층계나 다리 가에 세운 살

- 欄난 - 인쇄한 지면의 가장자리를 둘러서 박은 선
- 欄內난내 - 서적 등의 가장자리에 있는 줄 안
- 空欄공란 - 지면에서 글자를 쓰지 않은 빈 칸
- 干戈간과 - 방패와 창
- 干涉간섭 - 남의 일에 참견함
- 干與간여 - 관계함

煖	燣	爐	炉

❖ 따뜻할 난
❖ warm 난
❖ 웜 난

❖ 화로 로
❖ fireplace 로
❖ 파이어플레이스 로

煖爐 ☞ 불을 피워 놓는 기구나 장치

- 煖堗난돌 - 따뜻한 구들방
- 煖房난방 - 방을 따뜻하게 함
- 煖房裝置난방장치 - 방안을 따뜻하게 하는 장치의 총칭
- 爐口노구 - 돌과 흙으로 쌓은 부뚜막의 아궁이
- 爐邊노변 - 화롯가
- 爐香노향 - 향로(香爐)의 향내

蘭	苩	草	荂

* 난초 난
* orchid 난
* 오어키드 난

* 풀 초
* grass 초
* 그래스 초

蘭草 ☞ 난초과의 다년초

* 蘭香난향 - 난초의 향기
* 蘭交난교 - 마음이 통하는 사람끼리 친하게 된 교분
* 蘭秋난추 - 음력 7월의 이칭(異稱)
* 草綠色초록색 - 초록빛
* 草根木皮초근목피 - 풀뿌리와 나무의 껍질
* 草木초목 - 풀과 나무

男	咢	女	녀

* 사내 남
* man 남
* 맨 남

* 계집 녀
* woman 녀
* 우먼 녀

男女 ☞ 남자와 여자

* 男性남성 - 남자
* 男妹남매 - 오빠와 누이
* 男便남편 - 여자의 짝이 되어 사는 남자
* 女流畵家여류화가 - 여자로서 그림을 그리는 사람
* 女權여권 - 여자의 사회 정치 법률상의 권리
* 女息여식 - 딸

南	峹	北	屸

❖ 남녘 남
❖ south 남
❖ 사우스 남

❖ 북녘 북
❖ north 북
❖ 노어스 북

南北 ☞ 남쪽과 북쪽

- 南瓜**남과** - 호박
- 南極**남극** - 자침이 가리키는 남쪽 끝
- 南道**남도** - 경기도 이남의 땅
- 北氷洋**북빙양** - 북극해(北極海)
- 北上**북상** - 북쪽을 향하여 올라감
- 北美**북미** - 북아메리카

朗	붱月	讀	言독

❖ 밝을 낭
❖ bright 낭
❖ 브라이트 낭

❖ 읽을 독(구절 두)
❖ read 독
❖ 리-드 독

朗讀 ☞ 소리 내어 읽음

- 朗吟**낭음** - 소리를 높여 읊음
- 朗月**낭월** - 맑고 밝은 달
- 郎材**낭재** - 신랑감
- 讀者**독자** - 책, 신문 등 출판물을 읽는 사람
- 讀書**독서** - 책을 읽음
- 讀後感**독후감** - 책을 읽고 난 뒤의 느낌

内	内	外	外

* 안 내
* inside 내
* 인사이드 내

* 바깥 외
* outside 외
* 아웃사이드 외

內外 ☞ 안과 바깥·안팎

* 內舅내구 - 외숙(外叔)
* 內面내면 - 안쪽
* 內室내실 - 아낙네가 거처하는 방
* 外國외국 - 다른 나라
* 外食외식 - 자기 집 아닌 밖에서 식사함
* 外外家외외가 - 어머니의 외가(外家)

冷		凍	

* 찰 냉
* chill 냉
* 칠 냉

* 얼 동
* freeze 동
* 프리-즈 동

冷凍 ☞ 냉각시켜서 얼림

* 冷害냉해 - 한랭에 의한 피해
* 冷藏냉장 - 냉온에서 저장하는 일
* 冷房냉방 - 찬 방
* 凍破동파 - 얼어서 터짐
* 凍土동토 - 얼어붙은 땅
* 凍傷동상 - 심한 추위로 피부가 얼어서 상하는 일

努	另	力	력

❖ 힘쓸 노
❖ endeavor 노
❖ 인데버 노

❖ 힘 력
❖ strength 력
❖ 스트렝스 력

努力 ☞ 애를 쓰고 힘을 들임

- 努肉**노육** - 굳은 살
- 力强**역강** - 힘이 굳셈
- 力攻**역공** - 힘을 다하여 공격함
- 力求**역구** - 힘써 구함
- 力說**역설** - 힘써 말함
- 力道**역도** - 역기(力器)를 들어 올리는 운동

老	耂	僧	侩

❖ 늙을 노
❖ old 노
❖ 오울드 노

❖ 중 승
❖ monk 승
❖ 멍크 승

老僧 ☞ 늙은 스님

- 老脚**노각** - 늙은이의 다리
- 老氣**노기** - 노련한 기운
- 老童**노동** - 나이 많은 운동선수
- 僧律**승률** - 불교의 계율
- 僧門**승문** - 불가(佛家)
- 僧舍**승사** - 절

濃	濃	霧	霧

- ❖ 짙을 농
- ❖ thick 농
- ❖ 식 농

- ❖ 안개 무
- ❖ fog 무
- ❖ 파그 무

濃霧 ☞ 짙은 안개

- 濃墨**농묵** - 진한 먹물
- 濃淡**농담** - 짙음과 옅음
- 濃度**농도** - 용액 속에 들어 있는 각 성분의 양의 비율
- 霧旦**무단** - 안개가 낀 아침
- 霧散**무산** - 안개가 개이는 것처럼 자취 없이 흩어짐
- 霧合**무합** - 안개처럼 많이 모임

農		土	

- ❖ 농사 농
- ❖ agriculture 농
- ❖ 애그러컬쳐 농

- ❖ 흙 토
- ❖ land 토
- ❖ 랜드 토

農土 ☞ 농사짓는 데 쓰이는 땅

- 農家**농가** - 농사짓는 집
- 農器具**농기구** - 농업에 사용되는 기계나 도구의 총칭
- 農牛**농우** - 농사용으로 부리는 소
- 土地**토지** - 땅, 논밭
- 土班**토반** - 여러 대를 그 지방에서 붙박이로 사는 양반
- 土壤**토양** - 곡물 등이 생장(生長)할 수 있는 흙

제3장

ㄷ

茶	茊	房	房

- ❖ 차 다
- ❖ tea 다
- ❖ 티- 다

- ❖ 방 방
- ❖ room 방
- ❖ 루-움 방

茶房 ☞ 다류를 판매하는 영업소

- 茶褐色**다갈색** - 검은 빛을 띤 적황색
- 茶器**다기** - 차를 담는 사기 그릇
- 茶飯事**다반사** - 예사로운 일, 보통의 일
- 房內**방내** - 방의 안
- 房貰**방세** - 방을 빌린 세
- 房帳**방장** - 방안에 치는 휘장

多	多	幸	幸

- ❖ 많을 다
- ❖ many 다
- ❖ 메니 다

- ❖ 다행 행
- ❖ fortunate 행
- ❖ 포오쳐니트 행

多幸 ☞ 운수가 좋음

- 多角**다각** - 여러 방면
- 多大**다대** - 많고 큼
- 多辯**다변** - 말이 많음
- 幸福**행복** - 복된 좋은 운수
- 幸運**행운** - 행복한 운수
- 幸不幸**행불행** - 다행과 불행

團		體	

❖ 둥글 단
❖ round 단
❖ 라운드 단

❖ 몸 체
❖ body 체
❖ 바디 체

團體 ☞ 같은 목적을 위해 맺은 집단

- 團結**단결** - 많은 사람이 뭉쳐 행동하는 일
- 團束**단속** - 잡도리를 단단히 함
- 團合**단합** - 단결
- 體力**체력** - 몸의 힘
- 體質**체질** - 몸의 성질
- 體驗**체험** - 몸소 경험함

短	矢단	篇	쑈펀

❖ 짧을 단
❖ short 단
❖ 쇼어트 단

❖ 책 편
❖ book 편
❖ 북 편

단편 ☞ 짧은 시문

- 短期**단기** - 짧은 기간
- 短距離**단거리** - 짧은 거리
- 短簫**단소** - 동양 관악기의 하나
- 篇技**편기** - 문학의 기술
- 篇牘**편독** - 책, 문서
- 篇首**편수** - 시나 문장의 첫머리

大	仐	橋	枛

❖ 큰 대
❖ big 대
❖ 빅 대

❖ 다리 교
❖ bridge 교
❖ 브리지 교

大橋 ☞ 큰 다리

- 大路대로 - 폭이 넓은 길
- 大大的대대적 - 규모가 썩 큰 모양
- 大笑대소 - 크게 웃음
- 橋脚교각 - 교체(橋體)를 받치는 기둥
- 橋梁교량 - 다리
- 橋頭堡교두보 - 교량을 엄호하기 위해 축조한 보루

待	彳代	遇	辶

❖ 기다릴 대
❖ wait 대
❖ 웨이트 대

❖ 만날 우
❖ meet 우
❖ 미-트 우

待遇 ☞ 예의를 갖추어 대함

- 待機대기 - 기회를 기다림
- 待機室대기실 - 대기하도록 마련한 방
- 待接대접 - 음식을 차려서 손님을 대우함
- 遇事生風우사생풍 - 어떤 일을 만나면 곧 이에 응함
- 遇合우합 - 현명한 임금을 만나 등용됨
- 禮遇예우 - 예대(禮待)

對	대	話	화

❖ 대답할 대
❖ reply 대
❖ 리플라이 대

❖ 말할 화
❖ talk 화
❖ 토-크 화

對話 ☞ 마주 대해 이야기함

- 對答대답 - 묻는 말에 답함
- 對空砲대공포 - 지상이나 함정에서 적기를 사격하는 포
- 對等대등 - 양쪽이 비슷함
- 話頭화두 - 이야기의 말머리
- 話術화술 - 말재주
- 話題화제 - 이야기의 제목, 이야깃거리

陶	阝도	器	罘

❖ 질그릇 도
❖ porcelain 도
❖ 포어슬린 도

❖ 그릇 기
❖ vessel 기
❖ 베슬 기

陶器 ☞ 오지그릇 · 질그릇

- 陶工도공 - 도기를 만드는 사람
- 陶窯도요 - 도기를 굽는 가마
- 陶瓦도와 - 질기와
- 器官기관 - 생물이 생활 작용을 하는 조직
- 器具기구 - 세간, 그릇, 연장 등의 총칭
- 器遇기우 - 재능을 아껴 소중히 대우함

道	辵	路	跫

❖ 길 도
❖ road 도
❖ 로우드 도

❖ 길 로
❖ road 로
❖ 로우드 로

道路 ☞ 통행하는 길

- 道德**도덕** - 인륜의 대도(大道)
- 道理**도리** - 사람이 마땅히 행하여야 할 바른 길
- 道伯**도백** - 관찰사, 도지사
- 路面**노면** - 길바닥
- 路邊**노변** - 길가
- 路線**노선** - 한 지점에서 다른 한 지점에 이르는 도로

逃	辿	亡	

❖ 달아날 도
❖ escape 도
❖ 이스케이프 도

❖ 망할 망
❖ ruin 망
❖ 루인 망

逃亡 ☞ 피해 달아남

- 逃避**도피** - 도망하여 몸을 피함
- 逃走**도주** - 도망
- 逃熱**도열** - 열이 식음
- 亡命**망명** - 정치적 사정으로 남의 나라로 몸을 피함
- 亡失**망실** - 잃어버려서 없어짐
- 亡陽症**망양증** - 몸의 양기가 없어지는 병

挑		發	

- ❖ 돋울 도
- ❖ provoke 도
- ❖ 프러보욱 도

- ❖ 필 발
- ❖ rise 발
- ❖ 라이즈 발

挑發 ☞ 집적거려 일을 일으킴

- 挑戰**도전** - 싸움을 걸거나 돋움
- 挑燈**도등** - 등불을 돋아서 불을 더 밝게 함
- 挑出**도출** - 시비를 끌어내거나 돋움
- 發見**발견** - 남이 미처 보지 못한 사물을 먼저 찾아 냄
- 發行**발행** - 도서, 신문 등을 출판하여 세상에 폄
- 發展**발전** - 널리 뻗어 나감

都		城	垅

- ❖ 도읍 도
- ❖ capital 도
- ❖ 캐피틀 도

- ❖ 성 성
- ❖ castle 성
- ❖ 캐슬 성

都城 ☞ 서울

- 都市**도시** - 도회지
- 都心**도심** - 도회지의 중심
- 都是**도시** - 도무지, "도무지 네 말을 알아들을 수가 없다."
- 城邑**성읍** - 고을
- 城內**성내** - 성의 안
- 城郭**성곽** - 내성과 외성, 성

到	剷	着	착

- ❖ 이를 도
- ❖ reach 도
- ❖ 리-취 도

- ❖ 붙을 착
- ❖ paste 착
- ❖ 페이스트 착

到着 ☞ 목적지에 다다름

- 到付**도부** - 떠돌아다니며 물건을 팖
- 到達**도달** - 목적한 데에 미침
- 到任**도임** - 지방의 관리가 임소(任所)에 도착함
- 着工**착공** - 공사를 시작함
- 着想**착상** - 일의 실마리가 될 만한 생각
- 着手**착수** - 어떤 일에 손을 데어 시작함

獨	猜	立	畜

- ❖ 홀로 독
- ❖ alone 독
- ❖ 얼로운 독

- ❖ 설 립
- ❖ stand 립
- ❖ 스탠드 립

獨立☞ 남에게 의지하지 않고 따로 섬

- 獨斷**독단** - 의논하지 않고 혼자서 결단함
- 獨房**독방** - 혼자서 거처하는 방
- 獨學**독학** - 스승 없이 혼자 공부함
- 立體美**입체미** - 입체의 형상으로 표현된 미
- 立志**입지** - 뜻을 세움
- 立場**입장** - 당면하고 있는 처지

洞		里	里

- ❖ 골 동
- ❖ cave 동
- ❖ 케이브 동

- ❖ 마을 리
- ❖ village 리
- ❖ 빌리지 리

洞里 ☞ 행정 구역의 동과 리

- 洞契**동계** - 동네일을 위해 동민이 모으는 계
- 洞窟**동굴** - 깊고 넓은 굴, 동혈(洞穴)
- 洞洞燭燭**동동촉촉** - 공경하고 삼가서 매우 조심스러움
- 里門**이문** - 동네의 어귀에 세운 문
- 里民**이민** - 동리 사람
- 里長**이장** - 행정 구역인 이(里)의 사무를 맡아 보는 사람

東		西	西

- ❖ 동녘 동
- ❖ east 동
- ❖ 이-스트 동

- ❖ 서녘 서
- ❖ west 서
- ❖ 웨스트 서

東西 ☞ 동쪽과 서쪽

- 東洋**동양** - 동쪽 아시아 및 그 부근을 이르는 말
- 東奔西走**동분서주** - 이리 저리 바삐 다님
- 東門**동문** - 동쪽에 있는 문
- 西歐**서구** - 구주(歐洲)와 미주(美洲)의 통칭
- 西流**서류** - 강물이 서쪽으로 흐름
- 西士**서사** - 신부(神父), '서교(西敎)를 전하는 사람의 뜻'

童		謠	

- ❖ 아이 동
- ❖ child 동
- ❖ 차일드 동

- ❖ 노래 요
- ❖ song 요
- ❖ 송 요

童謠 ☞ 어린이의 정서를 표현한 노래

- 童男童女동남동녀 - 사내아이와 계집아이
- 童心동심 - 어린이의 마음
- 童話동화 - 어린이를 상대로 해서 지은 이야기
- 謠歌요가 - 유행가(流行歌)
- 謠俗요속 - 세상 풍속
- 謠言요언 - 세상의 뜬소문

同	同	胞	胚

- ❖ 한가지 동
- ❖ same 동
- ❖ 세임 동

- ❖ 세포 포
- ❖ womb 포
- ❖ 움- 포

同胞 ☞ 같은 겨레

- 同氣間동기간 - 형제자매의 사이
- 同甲동갑 - 같은 나이
- 同窓生동창생 - 같은 학교를 졸업한 사람
- 胞宮포궁 - 아기집
- 胞胎포태 - 아이를 배는 것
- 胞子포자 - 생식(生殖)을 위해 생긴 특별한 세포

頭	頙	腦	腦

❖ 머리 두
❖ head 두
❖ 헤드 두

❖ 뇌 뇌
❖ brain 뇌
❖ 브레인 뇌

頭腦 ☞ 뇌·사물을 판단하는 슬기

- 頭領**두령** - 여러 사람을 거느리는 사람, 두목
- 頭髮**두발** - 머리털
- 頭緖**두서** - 일의 단서, 조리
- 腦內**뇌내** - 뇌의 안
- 腦力**뇌력** - 정신을 써서 생각하는 힘
- 腦裏**뇌리** - 머릿속

제 4 장

ㅁ

忘	忘	却	却

- ❖ 잊을 망
- ❖ forget 망
- ❖ 퍼게트 망

- ❖ 물리칠 각
- ❖ repulse 각
- ❖ 리펄스 각

忘却 ☞ 잊어버림

- 忘年**망년** - 그 해의 괴로움을 잊음
- 忘我**망아** - 어떤 일에 열중함
- 忘憂**망우** - 근심을 잊음
- 却下**각하** - 서류 따위를 물리쳐 내림
- 却行**각행** - 뒤로 물러감
- 却說**각설** - 딴 말을 꺼낼 때 첫 머리에 쓰는 말

埋	土매	沒	沒

- ❖ 묻을 매
- ❖ bury 매
- ❖ 베리 매

- ❖ 빠질 몰
- ❖ sink 몰
- ❖ 싱크 몰

埋沒 ☞ 파묻음

- 埋立**매립** - 땅을 메워 올림
- 埋頭沒身**매두몰신** - 일에 파묻혀 헤어나지 못함
- 埋設**매설** - 지뢰, 수도관 등을 땅에 파묻음
- 沒入**몰입** - 어떤 데에 빠짐
- 沒頭**몰두** - 일에 열중함
- 沒落**몰락** - 멸망하여 없어짐

買		收	

❖ 살 매
❖ buy 매
❖ 바이 매

❖ 거들 수
❖ obtain 수
❖ 어브테인 수

買收 ☞ 물건을 사들임

- 買價매가 - 사는 값
- 買氣매기 - 살 사람들의 인기
- 買受人매수인 - 물건을 사서 넘겨받는 사람
- 收益수익 - 이익을 거둠
- 收入수입 - 소득
- 收藏수장 - 거두어서 깊이 간직함

梅		香	

❖ 매화 매
❖ plum 매
❖ 플럼 매

❖ 향기 향
❖ fragrance 향
❖ 프레이그런스 향

梅香 ☞ 매화의 향기

- 梅實매실 - 매화나무의 열매
- 梅信매신 - 매화꽃이 피기 시작한 소식, 봄소식
- 梅花매화 - 매화나무 매화꽃
- 香氣향기 - 향냄새
- 香料향료 - 향을 만드는 감
- 香水향수 - 향료를 넣어 만든 화장품의 하나

盲		點	점

❖ 눈 어두울 맹
❖ blind 맹
❖ 블라인드 맹

❖ 점 점
❖ spot 점
❖ 스팟 점

盲點 ☞ 주의가 소홀하여 모르는 점

- 盲聾教育**맹롱교육** - 맹아와 농아에 대한 교육
- 盲目**맹목** - 사리에 어두운 눈
- 盲信**맹신** - 옳고 그름을 가리지 않고 덮어놓고 믿음
- 點檢**점검** - 낱낱이 검사함
- 點滅**점멸** - 등불을 켰다 껐다함
- 點心**점심** - 낮에 끼니로 먹는 음식

名	몀	醫	

❖ 이름 명
❖ name 명
❖ 네임 명

❖ 의원 의
❖ doctor 의
❖ 닥터 의

名醫 ☞ 병을 잘 고쳐 이름난 의사

- 名家**명가** - 명문이 높은 집안
- 名曲**명곡** - 유명한 악곡
- 名作**명작** - 이름난 작품
- 醫術**의술** - 병을 고치는 기술
- 醫書**의서** - 의학에 관한 책
- 醫療**의료** - 의술로 병을 치료함

模	柷	倣	倣

- ❖ 법 모
- ❖ pattern 모
- ❖ 패턴 모

- ❖ 본뜰 방
- ❖ imitate 방
- ❖ 이미테이트 방

模倣 ☞ 본떠서 함

- 模範**모범** - 본받아 배울 만함
- 模寫**모사** - 인물을 형체 그대로 그림
- 模擬**모의** - 남의 흉내를 냄
- 倣刻**방각** - 모방하여 새김
- 倣古**방고** - 옛 것을 모방함
- 倣似**방사** - 비슷함

矛	豆	盾	盾

- ❖ 창 모
- ❖ spear 모
- ❖ 스피어 모

- ❖ 방패 순
- ❖ shield 순
- ❖ 쉴-드 순

矛盾 ☞ 언행이 서로 앞뒤가 맞지 않음

- 矛戈**모과** - 창
- 矛叉**모차** - 세모창
- 矛戟**모극** - 창날의 끝이 두 갈래로 갈라진 창
- 矛櫓**모로** - 창과 큰 방패
- 矛盾槪念**모순개념** - 중간에 제 삼자를 용인하지 않는 개념
- 盾鼻**순비** - 방패의 손잡이

毛	乇	皮	乤

❖ 털 모
❖ hair 모
❖ 헤어 모

❖ 가죽 피
❖ skin 피
❖ 스킨 피

毛皮 ☞ 털이 붙은 짐승의 가죽

- 毛髮**모발** - 사람의 머리털
- 毛織**모직** - 털실로 짠 피륙
- 毛絲**모사** - 털실
- 皮膚**피부** - 몸의 겉을 싼 외피 살갗
- 皮封**피봉** - 겉봉
- 皮革**피혁** - 가죽

沐		浴	

❖ 머리감을 목
❖ wash 목
❖ 와쉬 목

❖ 목욕할 욕
❖ bathe 욕
❖ 베이드 욕

沐浴 ☞ 머리를 감으며 몸을 씻음

- 沐間**목간** - 목욕간의 약어, 목욕간에서 목욕함
- 沐間桶**목간통** - 목욕간에 시설하여 놓은 목욕통
- 沐浴湯**목욕탕** - 여러 사람이 목욕할 수 있도록 꾸민 곳
- 浴客**욕객** - 목욕하려고 오는 손님
- 浴室**욕실** - 목욕실
- 浴槽**욕조** - 목욕통

夢		想	想

❖ 꿈 몽
❖ dream 몽
❖ 드리-임 몽

❖ 생각 상
❖ imagine 상
❖ 이매진 상

夢想 ☞ 꿈을 꾸듯 헛된 생각을 함

- 夢境**몽경** - 꿈
- 夢裏**몽리** - 꿈속
- 夢寐間**몽매간** - 꿈을 꾸는 동안
- 想起**상기** - 지난 일을 다시 생각해 냄
- 想念**상념** - 마음에 떠오르는 생각
- 想像**상상** - 미루어 생각함

武		功	功

❖ 호반 무
❖ military 무
❖ 밀러테리 무

❖ 공 공
❖ merit 공
❖ 메리트 공

武功 ☞ 군사상의 공적

- 武家**무가** - 대대로 호반 벼슬을 하는 집안
- 武器**무기** - 전쟁에 쓰이는 온갖 기구
- 武術**무술** - 무도에 관한 기술
- 功績**공적** - 공로의 실적
- 功勞**공로** - 일에 애쓴 공적
- 功名**공명** - 공을 세워 이름이 널리 알려짐

貿		易	

❖ 장사할 무
❖ trade 무
❖ 트레이드 무

❖ 바꿀 역(쉬울 이)
❖ exchange 역
❖ 익스췌인지 역

貿易 ☞ 외국과 물품을 팔고 사는 일

- 貿穀**무곡** - 곡식을 무역하여 들임
- 貿販**무판** - 식육을 파는 푸주를 내는 것
- 貿易商**무역상** - 외국과의 수출입을 영업으로 하는 상업
- 易理**역리** - 역(易)의 법칙
- 易書**역서** - 역리에 관한 것을 적은 책
- 易地思之**역지사지** - 처지를 바꾸어서 생각함

舞		踊	

❖ 춤출 무
❖ dance 무
❖ 댄스 무

❖ 뛸 용
❖ jump 용
❖ 점프 용

舞踊 ☞ 무도 · 댄스

- 舞歌**무가** - 춤과 노래
- 舞姬**무희** - 춤을 추는 여자
- 舞臺**무대** - 연극, 춤 따위를 연출하는 처소
- 舞曲**무곡** - 춤을 위하여 작곡된 악곡의 총칭
- 踊貴**용귀** - 물가가 오름
- 踊躍**용약** - 뛰어 오름

文	文	章	章

❖ 글월 문
❖ literature 문
❖ 리터러쳐 문

❖ 글 장
❖ sentence 장
❖ 센턴스 장

文章 ☞ 글월·글발

- 文匣**문갑** - 문서나 문구를 넣어 두는 긴 궤
- 文庫**문고** - 서적을 모아 둔 곳
- 文物**문물** - 문화의 산물
- 章句**장구** - 글의 장과 구
- 章理**장리** - 밝은 이치
- 章表**장표** - 표시를 붙이어 나타냄

微	微	妙	妙

❖ 작을 미
❖ small 미
❖ 스몰- 미

❖ 묘할 묘
❖ mysterious 묘
❖ 미스티어리어스 묘

微妙 ☞ 섬세하고 묘함

- 微功**미공** - 작은 공로
- 微官**미관** - 미미한 관직
- 微生物**미생물** - 현미경이 아니면 못 보는 작은 생물
- 妙味**묘미** - 묘한 맛
- 妙方**묘방** - 기묘한 방법
- 妙案**묘안** - 좋은 생각

美	美	容	容

- ❖ 아름다울 미
- ❖ beautiful 미
- ❖ 뷰-티펄 미

- ❖ 얼굴 용
- ❖ face 용
- ❖ 페이스 용

美容 ☞ 용모를 아름답게 단장함

- 美容師**미용사** - 미용술을 베풂을 업으로 삼는 사람
- 美聲**미성** - 고운 목소리
- 美人**미인** - 용모가 아름다운 여자
- 容量**용량** - 용기 안에 들어 갈 수 있는 분량
- 容貌**용모** - 얼굴 모습
- 容恕**용서** - 관용을 베풀어 벌하지 않음

民	民	族	族

- ❖ 백성 민
- ❖ people 민
- ❖ 피-플 민

- ❖ 겨레 족
- ❖ tribe 족
- ❖ 트라이브 족

❖ 民族 ☞ 동일한 겨레붙이

- 民家**민가** - 일반 국민의 집
- 民譚**민담** - 민간 설화
- 民情**민정** - 국민의 사정과 형편
- 族閥**족벌** - 출신 등의 관계로 맺어진 동아리
- 族譜**족보** - 한 족속의 계보
- 族屬**족속** - 종족의 겨레붙이

제 5 장

ㅂ

博	十박	愛	怂

* 넓을 **박**
* extensive **박**
* 익스텐시브 **박**

* 사랑 **애**
* love **애**
* 러브 **애**

博愛 ☞ 모든 사람을 평등으로 사랑함

* 博覽**박람** - 많은 책을 읽음, 사물을 널리 봄
* 博識**박식** - 아는 것이 아주 많음
* 博學**박학** - 모든 학문에 정통함
* 愛用**애용** - 사랑하여 씀 즐겨 씀
* 愛情**애정** - 사랑하는 마음
* 愛人**애인** - 사랑하는 사람

反	厖	射	射

* 되돌릴 **반**
* turn **반**
* 터-언 **반**

* 쓸 **사**
* shoot **사**
* 슈-트 **사**

反射 ☞ 빛이나 소리가 되돌려 쏘임

* 反擊**반격** - 쳐 들어오는 적을 되잡아 공격함
* 反共**반공** - 공산주의에 반대함
* 反應**반응** - 어떠한 작용이나 자극에 대한 변화의 현상
* 射擊**사격** - 대포나 총, 활을 쏨
* 射擊圈**사격권** - 총포를 쏘아서 맞힐 수 있는 범위
* 射手**사수** - 총, 포, 활 등을 쏘는 사람

❖ 되돌릴 반
❖ revert 반
❖ 리버-트 반

❖ 돌아올 환
❖ return 환
❖ 리터-언 환

返還 ☞ 도로 돌려 줌

- 返却**반각** - 도로 돌려보냄
- 返金**반금** - 돈이나 값을 도로 반환하여 줌
- 返納**반납** - 도로 돌려 드림
- 還甲**환갑** - 나이 61세의 일컬음
- 還給**환급** - 도로 돌려서 줌
- 還元**환원** - 근본으로 되돌아감

放		送	

❖ 놓을 방
❖ loosen 방
❖ 루-슨 방

❖ 보낼 송
❖ send 송
❖ 센드 송

放送 ☞ 라디오나 TV에서 보내는 보도

- 放學**방학** - 학교에서 수업을 일정 기간 중지하는 일
- 放出**방출** - 한꺼번에 확 내놓음
- 放債**방채** - 돈놀이
- 送舊迎新**송구영신** - 묵은해를 보내고 새해를 맞음
- 送金**송금** - 돈을 부쳐 보냄
- 送達**송달** - 편지, 서류 또는 물품을 보냄

傍	傍	聽	聽

- ❖ 곁 방
- ❖ side 방
- ❖ 사이드 방

- ❖ 들을 청
- ❖ hear 청
- ❖ 히어 청

傍聽 ☞ 회의나 방송 실황을 곁에서 들음

- 傍若無人**방약무인** - 옆에 사람이 없는 것 같이 기탄없음
- 傍人**방인** - 옆의 사람
- 傍助**방조** - 옆에서 도와 줌
- 聽力**청력** - 귀로 소리를 듣는 힘
- 聽取者**청취자** - 라디오를 듣는 사람
- 聽聞**청문** - 설교, 연설 따위를 들음

妨	妨	害	害

- ❖ 방해할 방
- ❖ hinder 방
- ❖ 힌더 방

- ❖ 해칠 해
- ❖ harm 해
- ❖ 하엄 해

妨害 ☞ 헤살을 놓아 못하게 함

- 妨工害事**방공해사** - 헤살을 놓아 해롭게 함
- 妨遏**방알** - 가려서 막음
- 妨礙**방애** - 막아 거리끼게 함
- 害蟲**해충** - 해를 끼치는 벌레
- 害惡**해악** - 해가 되는 나쁜 일
- 害虐**해학** - 해를 끼치고 학대함

配	배己	達	

- ❖ 짝 배
- ❖ pair 배
- ❖ 페어 배

- ❖ 통달할 달
- ❖ reach 달
- ❖ 리-취 달

配達 ☞ 수령인에게 물품을 가져다 줌

- 配匹**배필** - 부부의 짝
- 配置**배치** - 할당하고 분배하여 저마다의 자리에 둠
- 配合**배합** - 이것저것을 알맞게 섞어 한데 합함
- 達成**달성** - 목적한 바를 이룸
- 達人**달인** - 학술, 기예에 능한 사람
- 達通**달통** - 사리에 능통함

白	백	髮	

- ❖ 흰 백
- ❖ white 백
- ❖ 화이트 백

- ❖ 터럭 발
- ❖ hair 발
- ❖ 헤어 발

白髮 ☞ 하얗게 센 머리털

- 白鷗**백구** - 흰 갈매기
- 白米**백미** - 희게 한 쌀
- 白雪**백설** - 흰 눈
- 髮膚**발부** - 머리털과 피부
- 髮際**발제** - 목 뒤에 생기는 부스럼
- 髮妻**발처** - 맨 처음에 배필이 된 아내

百	백	濟	

- ❖ 일백 백
- ❖ hundred 백
- ❖ 헌드러드 백

- ❖ 구제할 제
- ❖ relieve 제
- ❖ 릴리-브 제

百濟 ☞ 삼국시대의 한 나라 이름

- 百年佳約**백년가약** - 결혼하여 평생을 같이 지낼 언약
- 百穀**백곡** - 여러 가지 곡식
- 百年偕老**백년해로** - 부부가 화락하게 함께 늙음
- 濟民**제민** - 모든 백성을 구제함
- 濟化**제화** - 착한 방향으로 가르쳐 인도함
- 濟生**제생** - 생명을 구조하여 건져 냄

煩	火번	惱	忄뇌

- ❖ 번거로울 번
- ❖ trouble 번
- ❖ 트러블 번

- ❖ 괴로워할 뇌
- ❖ vexation 뇌
- ❖ 벡세이션 뇌

煩惱 ☞ 마음이 시달려서 괴로움

- 煩苛**번가** - 몹시 잘고 까다로움
- 煩簡**번간** - 번거로움과 손쉬움
- 煩渴**번갈** - 가슴이 답답하고 목이 마름
- 惱苦**뇌고** - 몹시 괴로움
- 惱悶**뇌민** - 괴로워 고민함
- 惱神**뇌신** - 정신을 어지럽게 함

| | | | |

* 뒤칠 번
* flutter 번
* 플러터 번

* 통역할 역
* interpret 역
* 인터-프리트 역

飜譯 ☞ 어문을 타국 어문으로 옮김

* 飜刻**번각** - 원본대로 다시 제판하여 출판함
* 飜車**번거** - 물레방아 수차(水車)
* 飜案**번안** - 먼저 사람이 만든 안건을 뒤엎음
* 譯官**역관** - 통역을 맡아 보는 관리
* 譯讀**역독** - 번역하여 읽음
* 譯解**역해** - 번역하여 풀이함

| | | | |

* 성할 번
* flourish 번
* 플러-리쉬 번

* 창성할 창
* prosper 창
* 프라스퍼 창

繁昌 ☞ 번화하고 창성함

* 繁茂**번무** - 초목이 무성함
* 繁盛**번성** - 형세가 붙고 늘어나 잘 됨
* 昌言**창언** - 도리에 맞는 좋은 말
* 昌運**창운** - 번창할 운수
* 昌盛**창성** - 번성하고 잘 되어 감
* 繁多**번다** - 번거롭고 많음

汎	洺	濫	澇

- ❖ 뜰 범
- ❖ float 범
- ❖ 플로우트 범

- ❖ 넘칠 람
- ❖ overflow 람
- ❖ 오우버플로우 람

汎濫 ☞ 물이 넘쳐흐름

- 汎論**범론** - 사물 전반에 걸쳐 설명하는 것
- 汎美**범미** - 남북 양 아메리카주의 통칭
- 汎愛**범애** - 모든 사람을 차별 없이 사랑함
- 濫讀**남독** - 책을 아무렇게나 읽음
- 濫發**남발** - 함부로 발행함
- 濫用**남용** - 마구 씀

辨	변후	償	伩상

- ❖ 분별할 변
- ❖ distinguish 변
- ❖ 디스팅귀쉬 변

- ❖ 갚을 상
- ❖ repay 상
- ❖ 리페이 상

辨償 ☞ 빚을 갚음·손실을 물어줌

- 辨濟**변제** - 빌린 것을 돌려 줌
- 辨說**변설** - 일의 잘잘못을 가려 말함
- 辨證**변증** - 변별하여 증명함
- 償還**상환** - 빚을 갚음
- 償命**상명** - 목숨으로 갚음
- 償債**상채** - 채무를 변상함

變		遷	

❖ 변할 변
❖ change 변
❖ 체인지 변

❖ 옮길 천
❖ remove 천
❖ 리무-브 천

變遷 ☞ 옮겨서 달라짐

- 變化**변화** - 사물의 형상, 성질 등이 달라짐
- 變形**변형** - 형태를 바꿈
- 變更**변경** - 바꾸어서 고침
- 遷都**천도** - 도읍을 옮김
- 遷善**천선** - 나쁜 짓을 고쳐 착하게 됨
- 遷職**천직** - 직업을 옮김

辯		護	

❖ 다스릴 변
❖ dispute 변
❖ 디스퓨-트 변

❖ 보호할 호
❖ protection 호
❖ 프러텍션 호

辯護 ☞ 이익을 위하여 변명하여 비호함

- 辯論**변론** - 옳고 그름을 따짐
- 辯舌**변설** - 재치 있는 말솜씨
- 辯護士**변호사** - 법률사무를 행함을 직무로 하는 사람
- 護國**호국** - 나라를 지킴
- 護身**호신** - 자기 몸을 보호함
- 護衛**호위** - 따라 다니며 지켜 보호함

別	별	莊	벼장

* 다를 별
* other 별
* 어더 별

* 엄할 장
* serious 장
* 시어리어스 장

別莊 ☞ 경치 좋은 곳에 따로 마련한 집

- 別居**별거** - 가족이 서로 떨어져 삶
- 別名**별명** - 본명 외에 따로 지어 부르는 이름
- 別味**별미** - 특별한 맛
- 莊園**장원** - 별장
- 莊嚴塔**장엄탑** - 예술적으로 아름답게 만든 탑
- 莊田**장전** - 농막이 있는 토지

病	痝	院	원

* 병들 병
* disease 병
* 디지-즈 병

* 집 원
* residence 원
* 레저던스 원

病院 ☞ 병자를 진찰하고 치료하는 집

- 病床**병상** - 병자가 눕는 침상
- 病患**병환** - 어른의 병의 경칭
- 病害**병해** - 병으로 말미암은 농작물의 피해
- 院生**원생** - 원에 수용되어 있는 사람
- 院內**원내** - 원자(院字)가 붙은 기관의 내부
- 院議**원의** - 원의 의결

報	報	答	답

* 갚을 보
* requite 보
* 리콰이트 보

* 대답 답
* answer 답
* 앤서 답

報答 ☞ 남의 호의나 은혜를 갚음

- 報道**보도** - 국내외에서 생긴 일을 전하여 알리어 줌
- 報恩**보은** - 은혜를 갚음
- 報償**보상** - 남에게 진 빚이나 받은 물건을 갚음
- 答禮**답례** - 남에게 받은 예를 도로 갚는 일
- 答訪**답방** - 다른 사람의 방문에 대한 답례의 방문
- 答狀**답장** - 회답하여 보내는 편지

保	保	障	장

* 지킬 보
* keep 보
* 키-프 보

* 막을 장
* screen 장
* 스크린- 장

保障 ☞ 장애가 없도록 보증함

- 保家**보가** - 한 집안을 보전하여 감
- 保健**보건** - 건강을 보전함
- 保留**보류** - 뒤로 미루어 손대지 않은 채 둠
- 障壁**장벽** - 서로 격한 벽
- 障碍**장애** - 거리껴서 거치적거림
- 障害**장해** - 거리껴서 해가 되게 함

補	裃	充	充

❖ 기울 보
❖ make 보
❖ 메이크 보

❖ 채울 충
❖ full 충
❖ 풀 충

補充 ☞ 모자람을 보태어 채움

- 補強**보강** - 모자라는 곳을 보태어 튼튼하게 함
- 補身**보신** - 보약을 먹어 몸을 보함
- 補職**보직** - 어떤 직무의 담당을 명함
- 充溢**충일** - 가득 차서 넘침
- 充滿**충만** - 가득하게 참
- 充實**충실** - 몸이 굳세어서 튼튼함

普	並	遍	遍

❖ 널리 보
❖ universal 보
❖ 유-니버-설 보

❖ 두루 편
❖ wide 편
❖ 와이드 편

普遍 ☞ 두루 널리 미침

- 普及**보급** - 널리 미침
- 普施**보시** - 은혜를 널리 베풂
- 普通**보통** - 예사로운 것
- 遍談**편담** - 널리 말함
- 遍歷**편력** - 널리 돌아다님
- 遍在**편재** - 두루 퍼지어 있음

復		舊	

- ❖ 회복할 복(다시 부)
- ❖ recover 복
- ❖ 리커버 복

- ❖ 예 구
- ❖ old 구
- ❖ 오울드 구

復舊 ☞ 그전의 상태로 회복함

- 復古**복고** - 옛 상태로 돌아감
- 復歸**복귀** - 본래의 상태로 되돌아감
- 復職**복직** - 물러났던 관직이나 직업에 다시 오름
- 舊殼**구각** - 낡은 껍질
- 舊刊**구간** - 오래 전에 간행된 출판물
- 舊臘**구랍** - 지나간 해의 섣달

複		寫	

- ❖ 겹칠 복
- ❖ double 복
- ❖ 더블 복

- ❖ 베낄 사
- ❖ sketch 사
- ❖ 스케취 사

複寫 ☞ 한 번 베낀 것을 다시 베낌

- 複利**복리** - 이자에 다시 이자가 붙는 셈
- 複數**복수** - 하나가 아닌 둘 이상의 수
- 複合**복합** - 두 가지 이상을 겹쳐 합함
- 寫本**사본** - 베낀 문서나 책
- 寫眞館**사진관** - 사진 찍는 일을 영업으로 하는 곳
- 寫實**사실** - 사물을 실지로 있는 그대로 그려냄

奉		仕	仕

* 받들 봉
* offer 봉
* 아퍼 봉

* 벼슬할 사
* govern 사
* 거번 사

奉仕 ☞ 남을 위해 노력함

- 奉見**봉견** - 글을 받들어 봄
- 奉讀**봉독** - 글을 받들어 읽음
- 奉養**봉양** - 어버이나 조부모를 받들어 모심
- 仕家**사가** - 관리가 될 자격이 있는 가문
- 仕官**사관** - 관리가 되어 종사함
- 仕路**사로** - 벼슬 길

賦	賦부	課	課과

* 조세 부
* taxation 부
* 택세이션 부

* 매길 과
* allot 과
* 얼랏 과

賦課 ☞ 세금 및 부담 의무를 매김

- 賦斂**부렴** - 세금을 매겨서 받아들임
- 賦命**부명** - 타고난 운명
- 賦與**부여** - 나누어 줌
- 課稅**과세** - 세금을 매김
- 課業**과업** - 배당된 일
- 課題**과제** - 할당된 제목이나 문제

富	宀	貴	貴

- ❖ 가멸 부
- ❖ rich 부
- ❖ 리취 부

- ❖ 귀할 귀
- ❖ precious 귀
- ❖ 프레셔스 귀

富貴 ☞ 재산이 많고 지위가 높음

- 富强**부강** - 부하고 강함
- 富國**부국** - 부유한 나라
- 富者**부자** - 재산이 넉넉한 사람
- 貴重**귀중** - 진귀하고 중요함
- 貴賓**귀빈** - 귀한 손님
- 貴宅**귀댁** - 상대편 집안의 높임말

負	貝	擔	担

- ❖ 질 부
- ❖ bear 부
- ❖ 베어 부

- ❖ 멜 담
- ❖ shoulder 담
- ❖ 쇼울더 담

負擔 ☞ 일을 맡아 의무나 책임을 짐

- 負袋**부대** - 포목으로 만든 자루
- 負傷**부상** - 상처를 입음
- 負債**부채** - 빚
- 擔當**담당** - 어떤 일을 넘겨 맡음
- 擔任**담임** - 어떤 일을 책임지고 맡아 봄
- 擔保**보담** - 맡아서 보증함

父		母	

- ❖ 아비 부
- ❖ father 부
- ❖ 파-더 부

- ❖ 어미 모
- ❖ mother 모
- ❖ 머더 모

父母 ☞ 아버지와 어머니

- 父教**부교** - 아버지의 교훈
- 父權**부권** - 아버지가 갖는 친권
- 父親**부친** - 아버지
- 母性愛**모성애** - 자식에 대한 본능적인 어머니의 사랑
- 母船**모선** - 어떤 작업의 중심체가 되는 큰 배
- 母校**모교** - 자기가 졸업한 학교

夫		婦	婶

- ❖ 지아비 부
- ❖ husband 부
- ❖ 허즈번드 부

- ❖ 며느리 부
- ❖ daughter 부
- ❖ 도-터 부

夫婦 ☞ 남편과 아내

- 夫君**부군** - 남편의 높임말
- 夫人**부인** - 남의 아내의 높임말
- 夫權**부권** - 남편이 아내에 대해 갖는 권리
- 婦德**부덕** - 부녀로서 지켜야 할 아름다운 덕행
- 婦女子**부녀자** - 일반 여자
- 婦功**부공** - 아내로서 해야 할 여러 가지 일

副	刵	題	是제

❖ 버금 부
❖ second 부
❖ 세컨드 부

❖ 제목 제
❖ theme 제
❖ 시-임 제

副題 ☞ 주장되는 제목에 덧붙이는 제목

- 副本**부본** - 정본과 동일한 사항을 기재한 문서
- 副賞**부상** - 상장 외에 따로 덧붙여 주는 상품
- 副應**부응** - 무엇에 좇아서 응함
- 題壁**제벽** - 시문을 벽에 씀
- 題目**제목** - 겉장에 쓴 책의 이름
- 題材**제재** - 예술 작품이나 연구 등의 주제가 되는 재료

扶	抃	助	丒力

❖ 붙들 부
❖ support 부
❖ 서포어트 부

❖ 도울 조
❖ help 조
❖ 헬프 조

扶助 ☞ 남을 도와 줌

- 扶養**부양** - 혼자 살아 갈 능력이 없는 사람을 돌봄
- 扶護**부호** - 도와서 보호함
- 扶風**부풍** - 날쌘 바람
- 助力**조력** - 힘을 도와 줌
- 助言**조언** - 돕는 말
- 助手**조수** - 주장되는 사람의 일을 도와주는 사람

憤	忿	慨	忨

- ❖ 성낼 분
- ❖ angry 분
- ❖ 앵그리 분

- ❖ 슬플 개
- ❖ lament 개
- ❖ 리멘트 개

憤慨 ☞ 격분하여 개탄함

- 憤怒**분노** - 분하여 몹시 성을 냄
- 憤氣**분기** - 분한 기운
- 憤痛**분통** - 몹시 분하여 마음이 아픔
- 慨世**개세** - 세상의 되어 가는 형편을 탄식하고 근심함
- 慨嘆**개탄** - 한탄함
- 慨恨**개한** - 탄식하고 원망함

粉	粉	末	末

- ❖ 가루 분
- ❖ powder 분
- ❖ 파우더 분

- ❖ 끝 말
- ❖ end 말
- ❖ 엔드 말

粉末 ☞ 가루

- 粉米**분미** - 백미(白米)의 이칭
- 粉食**분식** - 가루로 된 식료품
- 粉筆**분필** - 칠판에 글씨를 쓰는 물건 백묵
- 末梢**말초** - 사물의 말단
- 末寺**말사** - 본사(本寺)에서 갈려 나온 절
- 末尾**말미** - 연속 되어 있는 것의 맨 끝

分		析	

- ❖ 나눌 분
- ❖ divide 분
- ❖ 디바이드 분

- ❖ 쪼갤 석
- ❖ split 석
- ❖ 스플릿 석

分析 ☞ 분해하여 나눔

- 分數**분수** - 분별하는 슬기
- 分離**분리** - 서로 나뉘어 떨어짐
- 分類**분류** - 종류를 따라서 분리함
- 析別**석별** - 나뉘어 헤어짐
- 析出**석출** - 화합물을 분석하여 어떤 물질을 골라 냄
- 解析**해석** - 사물을 풀어서 이론적으로 연구함

紛		爭	

- ❖ 어지러워질 분
- ❖ confuse 분
- ❖ 컨퓨-즈 분

- ❖ 다툴 쟁
- ❖ contest 쟁
- ❖ 컨테스트 쟁

紛爭 ☞ 말썽을 일으켜 시끄럽게 다툼

- 紛糾**분규** - 일이 뒤얽혀서 말썽이 많고 시끄러움
- 紛亂**분란** - 엉클어져 어지러움
- 紛紛**분분** - 꽃 따위가 흩어져 어지러운 모양
- 爭功**쟁공** - 서로 공을 다툼
- 爭權**쟁권** - 서로 권세를 다툼
- 爭論**쟁론** - 다투어 토론함

奮		鬪	

❖ 떨칠 분
❖ rouse 분
❖ 라우즈 분

❖ 싸움 투
❖ fight 투
❖ 파이트 투

奮鬪 ☞ 있는 힘을 다해 싸움

- 奮激**분격** - 급격하게 마음을 떨쳐 일으킴
- 奮發**분발** - 마음을 단단히 먹고 기운을 내어 일어남
- 奮起**분기** - 기운을 내어 일어남
- 鬪魂**투혼** - 끝까지 투쟁하려는 기백
- 鬪爭**투쟁** - 싸워서 다툼
- 鬪病**투병** - 적극적으로 질병과 싸움

崩		壞	

❖ 무너질 붕
❖ collapse 붕
❖ 컬랩스 붕

❖ 무너질 괴
❖ collapse 괴
❖ 컬랩스 괴

崩壞 ☞ 허물어져 무너짐

- 崩落**붕락** - 무너져 떨어짐
- 崩御**붕어** - 임금의 별세
- 崩頹**붕퇴** - 허물어짐
- 壞決**괴결** - 무너짐
- 壞亂**괴란** - 무너져 어지러워짐
- 壞滅**괴멸** - 무너뜨려 멸망시킴

比	밧	較	較

- ❖ 견줄 비
- ❖ comparison 비
- ❖ 컴패러슨 비

- ❖ 견줄 교
- ❖ comparison 교
- ❖ 컴패러슨 교

比較 ☞ 두 개 이상의 사물을 견주어 봄

- 比例비례 - 예를 들어 비교함
- 比率비율 - 비교하여 헤아림
- 比論비론 - 서로 비교하여 논함
- 較略교략 - 대개 줄거리
- 較量교량 - 견주어 헤아림
- 較著교저 - 명백하고 뚜렷이 나타남

肥	肥	料	料

- ❖ 살찔 비
- ❖ plump 비
- ❖ 플럼프 비

- ❖ 헤아릴 료
- ❖ estimate 료
- ❖ 에스터메이트 료

肥料 ☞ 식물을 잘 생장시키는 영양물질

- 肥滿비만 - 살쪄서 뚱뚱해짐
- 肥甘비감 - 살쪄서 맛 좋은 고기
- 肥己之慾비기지욕 - 자기에게 이롭게 하려는 욕심
- 料金요금 - 수수료로 주는 돈
- 料理요리 - 음식물을 조리함
- 料率요율 - 요금의 정도, 비율

秘		密	

❖ 숨길 비
❖ conceal 비
❖ 컨시-일 비

❖ 빽빽할 밀
❖ secret 밀
❖ 시-크리트 밀

秘密 ☞ 숨기어 공개하지 않는 일

- 秘訣**비결** - 숨겨 두고 혼자만이 쓰는 썩 좋은 방법
- 秘方**비방** - 비밀한 방법
- 秘話**비화** - 숨은 이야기
- 密告**밀고** - 비밀히 고함
- 密度**밀도** - 빽빽이 들어선 정도
- 密林**밀림** - 빽빽하게 들어선 수풀

批	批	評	

❖ 칠 비
❖ criticize 비
❖ 크리티사이즈 비

❖ 평할 평
❖ comment 평
❖ 카멘트 평

批評 ☞ 사물을 평가하여 논하는 일

- 批判**비판** - 사물의 시비를 판정함
- 批點**비점** - 시가 · 문장 등을 비평하여 매기는 평점
- 批頰**비협** - 뺨을 때림
- 評價**평가** - 선악, 미추 등 가치를 논정함
- 評論**평론** - 사물의 좋고 나쁨을 비평하여 논하는 것
- 評判**평판** - 평론하여 판정함

非	╡╟비	行	彳행

❖ 아닐 비
❖ not 비
❖ 나트 비

❖ 갈 행(항렬 항)
❖ go 행
❖ 고우 행

非行 ☞ 그릇된 행위

- 非金屬비금속 - 금속의 성질을 갖지 않은 물질
- 非難비난 - 남의 잘못이나 흠을 책잡음
- 非武裝地帶비무장지대 - 무장을 하지 아니한 지대
- 行事행사 - 어떤 일을 행함
- 行爲행위 - 사람이 행하는 짓
- 行方행방 - 간 곳

貧		困	

❖ 가난할 빈
❖ poor 빈
❖ 푸어 빈

❖ 괴로울 곤
❖ painful 곤
❖ 페인펄 곤

貧困 ☞ 가난해서 살림이 군색함

- 貧苦빈곤 - 가난한 고생
- 貧道빈도 - 스님이 자기를 낮추어 일컫는 말
- 貧相빈상 - 가난한 운명을 나타내는 인상
- 困境곤경 - 곤란한 경우
- 困窮곤궁 - 가난하고 구차함
- 困辱곤욕 - 심한 모욕

氷	冫빙	河	河

- ❖ 얼음 빙
- ❖ ice 빙
- ❖ 아이스 빙

- ❖ 강 하
- ❖ river 하
- ❖ 리버 하

氷河 ☞ 얼어붙은 큰 강

- 氷菓**빙과** - 아이스크림, 얼음과자
- 氷庫**빙고** - 얼음을 저장하는 창고
- 氷上競技**빙상경기** - 얼음 위에서 하는 여러 가지 경기
- 河流**하류** - 강의 흐름
- 河川**하천** - 시내, 강
- 河幅**하폭** - 하천의 너비

제6장

ㅅ

詐	言乍	欺	기次

- ❖ 속일 사
- ❖ deceive 사
- ❖ 디시-브 사

- ❖ 속일 기
- ❖ cheat 기
- ❖ 치-트 기

詐欺 ☞ 꾀로 남을 속임

- 詐術**사술** - 남을 속이는 못된 꾀
- 詐取**사취** - 속여서 남의 물건을 빼앗음
- 詐誕**사탄** - 언행이 간사하고 허황함
- 欺瞞**기만** - 남을 속임
- 欺罔**기망** - 남을 그럴듯하게 속임, 무망(誣罔)
- 欺隱**기은** - 속여 숨김

師	白사	範	

- ❖ 스승 사
- ❖ teacher 사
- ❖ 티-쳐 사

- ❖ 법 범
- ❖ law 범
- ❖ 로- 범

師範 ☞ 학덕이 남의 보람이 될 스승

- 師道**사도** - 남의 스승 된 사람으로서의 도리
- 師大**사대** - 사범대학의 약어
- 師弟**사제** - 스승과 제자
- 範軌**범궤** - 규범, 법식
- 範疇**범주** - 같은 성질의 것이 속하여야 할 부류
- 範圍**범위** - 제한된 둘레의 언저리

司	재	法	澝

- ❖ 맡을 사
- ❖ manage 사
- ❖ 매니지 사

- ❖ 법 법
- ❖ law 법
- ❖ 로- 법

司法 ☞ 삼권(입법 · 사법 · 행정)의 하나

- 司會사회 - 집회에서 진행을 맡아 돕는 사람
- 司祭사제 - 천주교의 신부(神父)
- 司令部사령부 - 사령관이 사무를 집행하는 곳
- 法令법령 - 법률과 명령의 통칭
- 法規법규 - 법률과 규칙
- 法權법권 - 법률의 권한

使	仆	臣	

- ❖ 시킬 사
- ❖ employ 사
- ❖ 임플로이 사

- ❖ 신하 신
- ❖ subject 신
- ❖ 서브직트 신

使臣 ☞ 외국에 심부름 가는 신하

- 使命사명 - 주어진 임무
- 使役사역 - 일을 시킴
- 使用사용 - 물건을 씀
- 臣下신하 - 임금을 섬기는 벼슬자리에 있는 사람
- 臣道신도 - 신하가 지켜야 할 도리
- 臣僚신료 - 많은 관리

史	乏	蹟	跞적

- ❖ 역사 사
- ❖ history 사
- ❖ 히스터리 사

- ❖ 자취 적
- ❖ trace 적
- ❖ 트레이스 적

史蹟 ☞ 역사에 남은 자취

- 史劇사극 - 사실(史實)에서 취재하여 만든 연극
- 史實사실 - 역사에 실제로 있는 일
- 史書사서 - 역사 책
- 史才사재 - 사관이 될 만한 재능
- 古蹟고적 - 남아 있는 옛 물건이나 건물
- 遺蹟유적 - 남아 있는 흔적

辭	辥	典	囶

- ❖ 말씀 사
- ❖ speech 사
- ❖ 스피-취 사

- ❖ 법 전
- ❖ law 전
- ❖ 로- 전

辭典 ☞ 언어를 모아서 해설해 놓은 책

- 辭去사거 - 작별하고 떠나감
- 辭令狀사령장 - 임명하는 뜻을 적어 당자에게 주는 문서
- 辭職사직 - 직무를 내놓고 물러남
- 典據전거 - 바른 증거
- 典型的전형적 - 어떤 부류의 모범이 될 만한 것
- 典範전범 - 본보기

ㄱ
ㄴ
ㄷ
ㄹ
ㅁ
ㅅ
ㅇ
ㅈ
ㅊ
ㅋ·ㅌ
ㅍ
ㅎ

事	사	情	情

* 일 사
* affair 사
* 어페어 사

* 뜻 정
* affection 정
* 어펙션 정

事情 ☞ 일의 형편

* 事實**사실** - 실제로 있었던 일
* 事前**사전** - 일이 있기 전
* 事由**사유** - 일의 까닭
* 情理**정리** - 인정과 도리
* 情談**정담** - 다정한 이야기
* 情誼**정의** - 서로 사귀어 친하여진 정

思		潮	

* 생각 사
* think 사
* 싱크 사

* 조수 조
* tide 조
* 타이드 조

思潮 ☞ 사상의 흐름

* 思慮**사려** - 여러 가지 일에 대한 생각과 근심
* 思慕**사모** - 애틋하게 생각하며 그리워함
* 思想**사상** - 생각, 의견
* 潮信**조신** - 조수가 들어 왔다가 나가는 때
* 潮音**조음** - 조수의 물결 소리
* 潮勢**조세** - 조수의 세력

死	刃	活	湦

❖ 죽을 사
❖ die 사
❖ 다이 사

❖ 살 활
❖ live 활
❖ 리브 활

死活 ☞ 죽느냐 사느냐의 갈림

- 死角**사각** - 어떤 각도로부터는 볼 수 없는 범위
- 死生決斷**사생결단** - 죽음을 각오하고 대들어 끝장 냄
- 死守**사수** - 목숨을 걸고 지킴
- 活用**활용** - 살리어 잘 응용함
- 活力素**활력소** - 활동의 힘이 되는 본바탕
- 活動**활동** - 기운차게 움직임

散	攸	漫	沪

❖ 흩어질 산
❖ scatter 산
❖ 스캐터 산

❖ 흩어질 만
❖ scatter 만
❖ 스캐터 만

散漫 ☞ 어수선하고 흩어져 퍼져 있음

- 散亂**산란** - 흩어져 어지러움
- 散文**산문** - 운율의 제한을 받지 않는 보통의 문장
- 散策**산책** - 이리 저리 거닐어 다님
- 漫談**만담** - 재미있게 세정을 비판하고 풍자하는 이야기
- 漫評**만평** - 일정한 체계 없이 생각나는 대로 하는 비평
- 漫畵**만화** - 붓 가는 대로 그린 그림

山	산	川	천

❖ 뫼 산
❖ mountain 산
❖ 마운틴 산

❖ 내 천
❖ stream 천
❖ 스트림- 천

山川 ☞ 산과 내

* 山村산촌 - 산 속에 있는 마을
* 山水圖산수도 - 산수의 형세를 그린 그림
* 山菜산채 - 산나물
* 川獵천렵 - 냇물에서 고기잡이를 함
* 川邊천변 - 냇가
* 川防천방 - 냇둑

森	삼	林	림

❖ 나무 빽빽할 삼
❖ forest 삼
❖ 포어리스트 삼

❖ 수풀 림
❖ wood 림
❖ 우드 림

森林 ☞ 나무가 많이 우거진 수풀

* 森羅萬象삼라만상 - 온갖 물건과 모든 현상 만물
* 森立삼립 - 빽빽하게 들어섬
* 森嚴삼엄 - 질서가 바로 서고 무서우리만큼 엄숙함
* 林間임간 - 수풀 사이
* 林檎임금 - 능금, 사과
* 林野임야 - 나무가 늘어서 있는 넓은 땅

挿		紙	紙

- ❖ 꽂을 **삽**
- ❖ insert **삽**
- ❖ 인서-트 **삽**

- ❖ 종이 **지**
- ❖ paper **지**
- ❖ 페이퍼 **지**

挿紙 ☞ 인쇄할 때 종이를 기계에 먹임

- 挿花**삽화** - 꽃을 꺾어 꽃병 따위에 꽂음
- 挿匙**삽시** - 제사 때 숟가락을 메에 꽂는 의식
- 挿木**삽목** - 꺾꽂이
- 紙面**지면** - 신문 등의 기사를 싣는 면
- 紙榜**지방** - 종이로 만든 신주(神主)
- 紙幣**지폐** - 종이에 인쇄하여 만든 화폐

商	商	店	

- ❖ 장사 **상**
- ❖ trade **상**
- ❖ 트레이드 **상**

- ❖ 가게 **점**
- ❖ shop **점**
- ❖ 샤프 **점**

商店 ☞ 물건을 파는 가게

- 商會**상회** - 상점에 쓰는 칭호
- 商道德**상도덕** - 상업에서의 도덕
- 商品**상품** - 팔고 사는 물품
- 店房**점방** - 가겟방
- 店員**점원** - 상점에서 일을 하고 보수를 받는 사람
- 店主**점주** - 상점의 주인

色		彩	

- ❖ 빛 색
- ❖ colour 색
- ❖ 컬러 색

- ❖ 채색 채
- ❖ lustre 채
- ❖ 러스터 채

色彩 ☞ 빛깔과 문채

- 色覺색각 - 빛깔을 알아서 구별하는 감각
- 色盲색맹 - 색을 구별하지 못하는 시각
- 色相색상 - 색채의 강약 농도 등의 정도 색조
- 彩料채료 - 그림을 그릴 때 쓰는 물감
- 彩紋채문 - 채색의 무늬
- 彩雲채운 - 아롱진 채색이 있는 구름

生		産	

- ❖ 날 생
- ❖ live 생
- ❖ 라이브 생

- ❖ 낳을 산
- ❖ birth 산
- ❖ 버-스 산

生産 ☞ 낳음 · 만들어 내는 일

- 生家생가 - 그 사람이 태어난 집
- 生計생계 - 살아 나갈 방도
- 生氣생기 - 만물이 자라나는 힘
- 産業산업 - 생산을 하는 사업
- 産出산출 - 물건이 생산되어 나옴
- 産母산모 - 해산한 지 며칠 안 되는 여자 산부

書	섭	架	架

❖ 글 서
❖ write 서
❖ 라이트 서

❖ 시렁 가
❖ shelf 가
❖ 쉘프 가

書架 ☞ 책을 얹어 두는 시렁

- 書記서기 - 기록을 맡아 보는 사람
- 書堂서당 - 글방
- 書類서류 - 어떤 내용을 적은 문서
- 架空가공 - 사실이 아님
- 架橋가교 - 다리를 놓음
- 架空鐵道가공철도 - 고가철도

夕	석	刊	刊

❖ 저녁 석
❖ evening 석
❖ 이-브닝 석

❖ 새길 간
❖ engrave 간
❖ 인그레이브 간

夕刊 ☞ 석간신문 · 저녁때에 발행

- 夕暮석모 - 저녁 무렵
- 夕陽석양 - 저녁 해
- 夕飯석반 - 저녁 밥
- 刊行간행 - 출판함
- 刊布간포 - 발간하여 널리 폄
- 刊印간인 - 인쇄물을 인쇄함

石 塔

❖ 돌 석
❖ stone 석
❖ 스토운 석

❖ 탑 탑
❖ tower 탑
❖ 타우어 탑

石塔 ☞ 돌로 쌓아 놓은 탑

- 石橋석교 - 돌다리
- 石窟석굴 - 바위에 뚫린 굴
- 石築석축 - 돌로 쌓아 올린 옹벽
- 塔基壇탑기단 - 탑신 밑의 기단
- 塔碑탑비 - 탑과 비
- 塔時計탑시계 - 시계탑에 단 시계

選 擧

❖ 가릴 선
❖ select 선
❖ 시렉트 선

❖ 들 거
❖ raise 거
❖ 레이즈 거

選擧 ☞ 적당한 사람을 대표로 뽑음

- 選擇선택 - 골라 가림
- 選拔선발 - 많은 속에서 고름
- 選定선정 - 가려서 정함
- 擧手거수 - 손을 위로 들어 올림
- 擧世거세 - 온 세상
- 擧事거사 - 큰일을 일으킴

善		惡	

❖ 착할 선
❖ good 선
❖ 굿 선

❖ 악할 악(미워할 오)
❖ bad 악
❖ 배드 악

善惡 ☞ 착함과 악함

- 善處**선처** - 잘 처리함
- 善政**선정** - 바르고 착한 정치
- 善良**선량** - 착하고 어짊
- 惡質**악질** - 성질이 모질고 나쁨
- 惡毒**악독** - 마음이 악하고 독살스러움
- 惡山**악산** - 험한 산

鮮	鮮	魚	

❖ 고울 선
❖ lovely 선
❖ 러블리 선

❖ 고기 어
❖ fish 어
❖ 피쉬 어

鮮魚 ☞ 생선

- 鮮潔**선결** - 신선하고 깨끗함
- 鮮度**선도** - 어육이나 채소 등의 신선한 정도
- 鮮明**선명** - 산뜻하고 밝음
- 魚群**어군** - 물고기 떼
- 魚道**어도** - 물고기가 상류로 올라가도록 만들어 놓은 길
- 魚物廛**어물전** - 어물을 파는 가게

先		進	

- ❖ 먼저 선
- ❖ first 선
- ❖ 퍼-스트 선

- ❖ 나아갈 진
- ❖ go 진
- ❖ 고우 진

先進 ☞ 발전 단계가 다른 것보다 앞서는 일

- 先導선도 - 앞에 서서 인도함
- 先鋒선봉 - 맨 앞장
- 先拂선불 - 대가나 보수를 먼저 지불함
- 進就진취 - 차차 성취되어 감
- 進學진학 - 학문에 나아가 닦음
- 進路진로 - 앞으로 나아가는 길

宣		布	

- ❖ 베풀 선
- ❖ proclaim 선
- ❖ 프로크레임 선

- ❖ 베 포
- ❖ cloth 포
- ❖ 클로-스 포

宣布 ☞ 세상에 널리 알림

- 宣告선고 - 널리 고지시킴
- 宣敎선교 - 종교를 선전하여 전도함
- 宣傳선전 - 많은 사람들에게 퍼뜨려 공명을 구함
- 布告포고 - 고시하여 널리 일반에게 알림
- 布木포목 - 베와 무명
- 布衣포의 - 베로 만든 옷

成	峫	長	튱

❖ 이룰 성
❖ complete 성
❖ 컴플리-트 성

❖ 길 장
❖ long 장
❖ 롱- 장

成長 ☞ 자라서 점점 커짐

- 成功성공 - 목적을 이룸
- 成就성취 - 목적한 바를 이룸
- 成事성사 - 일을 이룸
- 長距離장거리 - 멀고 긴 거리
- 長久장구 - 길고 오램
- 長期장기 - 오랜 기간

星	튕	座	府

❖ 별 성
❖ star 성
❖ 스타- 성

❖ 자리 좌
❖ seat 좌
❖ 시-트 좌

星座 ☞ 별자리

- 星光성광 - 별의 빛
- 星群성군 - 별의 무리
- 星霜성상 - 세월
- 座談좌담 - 마주 자리 잡고 앉아서 하는 이야기
- 座席좌석 - 앉는 자리
- 座中좌중 - 여러 사람이 모인 자리

聖		賢	

❖ 성인 성
❖ saint 성
❖ 세인트 성

❖ 어질 현
❖ virtuous 현
❖ 버-츄어스 현

聖賢 ☞ 성인과 현인

- 聖業**성업** - 신성한 사업
- 聖書**성서** - 교리를 기록한 경전
- 聖藥**성약** - 효력이 비상한 약
- 賢明**현명** - 사리에 밝음
- 賢婦**현부** - 어진 며느리
- 賢士**현사** - 어진 선비

世		界	

❖ 세상 세
❖ world 세
❖ 워-얼드 세

❖ 지경 계
❖ border 계
❖ 보어더 계

世界 ☞ 온 세상

- 世紀**세기** - 100년을 단위로 하여 연대를 세는 말
- 世代**세대** - 한 대(약 30년)
- 世上**세상** - 모든 사람이 살고 있는 사회의 통칭
- 界境**계경** - 경계
- 界面**계면** - 두 가지 물질의 경계의 면
- 界標**계표** - 경계를 나타낸 표지

稅		金	舍

❖ 부세 세
❖ tax 세
❖ 택스 세

❖ 쇠 금
❖ gold 금
❖ 고울드 금

金 (성 김)

稅金 ☞ 조세로 바치는 돈

- 稅穀세곡 - 조세로 바치는 곡식
- 稅目세목 - 조세의 종목
- 稅額세액 - 세금의 금액
- 金品금품 - 돈과 물품
- 金指環금지환 - 금으로 만든 가락지
- 金枝玉葉금지옥엽 - 귀여운 자손

洗		濯	

❖ 씻을 세
❖ wash 세
❖ 와쉬 세

❖ 씻을 탁
❖ wash 탁
❖ 와쉬 탁

洗濯 ☞ 빨래

- 洗面세면 - 얼굴을 씻음, 세수
- 洗心세심 - 마음을 깨끗이 씻음
- 洗車세차 - 차체에 묻은 먼지나 흙을 씻음
- 濯征章탁정장 - 악장(樂章)의 이름
- 濯足탁족 - 발을 씻음
- 濯枝雨탁지우 - 음력 6월쯤에 오는 큰 비

消	沿	毒	毒

❖ 사라질 소
❖ disperse 소
❖ 디스퍼-스 소

❖ 독 독
❖ poison 독
❖ 포이전 독

消毒 ☞ 병균을 박멸시킴

- 消防**소방** - 불을 막아 끔
- 消息**소식** - 보이다가 안 보이다가 하는 것
- 消費**소비** - 사용하여 없앰
- 毒素**독소** - 유독성 물질
- 毒氣**독기** - 독이 있는 기운
- 毒藥**독약** - 독성을 가진 약제

騷	駬	亂	란

❖ 떠들 소
❖ noisy 소
❖ 노이지 소

❖ 어지러울 란
❖ disorder 란
❖ 디소어더 란

騷亂 ☞ 어수선하고 시끄러움

- 騷動**소동** - 여럿이 싸우거나 떠들어 댐
- 騷音**소음** - 시끄러운 소리
- 騷騷**소소** - 급히 서두는 모양
- 亂動**난동** - 함부로 행동함
- 亂立**난립** - 어지럽게 늘어섬
- 亂打**난타** - 함부로 마구 때림

素	絲	朴	栱

- ❖ 흴 소
- ❖ white 소
- ❖ 화이트 소

- ❖ 순박할 박
- ❖ simple 박
- ❖ 심플 박

素朴 ☞ 꾸밈이나 거짓이 없이 그대로임

- 素服소복 - 흰 옷
- 素食소식 - 고기를 먹지 않고 채식함
- 素人소인 - 전문가가 아닌 사람 아마추어
- 朴野박야 - 꾸밈이 없이 촌스러움
- 朴鈍박둔 - 단단하지 못한 그릇
- 朴茂박무 - 정직하고 인정이 두터움

昭	昡	詳	詠

- ❖ 밝을 소
- ❖ bright 소
- ❖ 브라이트 소

- ❖ 자세할 상
- ❖ detail 상
- ❖ 디-테일 상

昭詳 ☞ 밝고 자세함

- 昭光소광 - 밝게 빛나는 빛
- 昭明소명 - 밝음
- 昭雪소설 - 누명을 씻음
- 詳考상고 - 자세히 참고하는 것
- 詳論상론 - 자세히 의논함
- 詳報상보 - 자세히 알림

小	公	說	

❖ 작을 소
❖ small 소
❖ 스몰- 소

❖ 말씀 설(기쁠 열 · 달랠 세)
❖ speak 설
❖ 스피-크 설

小說 ☞ 작자가 쓴 산문체의 이야기

- 小家族소가족 - 식구가 적은 집안
- 小路소로 - 작은 길
- 小便소변 - 오줌
- 說明설명 - 풀이 하여 밝힘
- 說話설화 - 이야기
- 說得설득 - 설명하여 납득시킴

召		集	

❖ 부를 소
❖ call 소
❖ 코-올 소

❖ 모을 집
❖ gather 집
❖ 개더 집

召集 ☞ 불러서 모음

- 召還소환 - 불러 돌아오게 함
- 召喚소환 - 관청에서 오라고 부름
- 召命소명 - 임금이 신하를 부르는 명령
- 集合집합 - 한 곳으로 모임
- 集計집계 - 모아 합계함
- 集中집중 - 한 곳에 모임

疏	疏	忽	

- ❖ 드물 소
- ❖ sparse 소
- ❖ 스파어스 소

- ❖ 홀연 홀
- ❖ suddenly 홀
- ❖ 서든리 홀

疏忽 ☞ 탐탁하지 않고 범연함

- 疏開소개 - 공습 등의 피해를 덜기 위해 주민을 분산시킴
- 疏待소대 - 푸대접, 박대
- 疏外소외 - 멀리하여 물리침
- 忽待홀대 - 탐탁하지 않은 대접
- 忽顯忽沒홀현홀몰 - 문득 나타났다가 문득 없어짐
- 忽遽홀거 - 갑자기 별안간

速		斷	

- ❖ 빠를 속
- ❖ fast 속
- ❖ 패스트 속

- ❖ 끊을 단
- ❖ cut 단
- ❖ 커트 단

速斷 ☞ 빨리 판단함

- 速達속달 - 속히 배달함
- 速度속도 - 빠른 정도
- 速讀속독 - 빨리 읽음
- 斷念단념 - 생각을 아주 끊어버림
- 斷髮단발 - 머리털을 자름
- 斷食단식 - 음식을 먹지 않음

首		肯	

- ❖ 머리 수
- ❖ head 수
- ❖ 헤드 수

- ❖ 옳게 여길 긍
- ❖ affirm 긍
- ❖ 어퍼-엄 긍

首肯 ☞ 그러하다고 승낙함

- 首席**수석** - 맨 윗자리
- 首都**수도** - 나라나 한 지방의 정치의 중심지
- 首尾**수미** - 사물의 머리와 꼬리 두미(頭尾)
- 肯定**긍정** - 그렇다고 인정함
- 肯志**긍지** - 찬성하는 뜻
- 肯首**긍수** - 그러하다고 고개를 끄덕임

受		領	

- ❖ 받을 수
- ❖ receive 수
- ❖ 리시-브 수

- ❖ 거느릴 령
- ❖ command 령
- ❖ 커맨드 령

受領 ☞ 받아들임

- 受講**수강** - 강습이나 강의를 받음
- 受難**수난** - 어려운 일을 당함
- 受納**수납** - 받아 넣음
- 領土**영토** - 한 나라의 통치권이 미치는 지역
- 領收證**영수증** - 돈이나 물건을 받아들인 표로 쓰는 증서
- 領內**영내** - 영토 안

睡		眠	

❖ 잠잘 수
❖ sleeping 수
❖ 슬리-핑 수

❖ 잠잘 면
❖ sleeping 면
❖ 슬리-핑 면

睡眠 ☞ 잠을 자는 것

- 睡魔**수마** - 못 견디게 오는 졸음
- 睡癖**수벽** - 자는 버릇
- 睡鄉**수향** - 꿈나라
- 眠期**면기** - 누에가 잠자는 기간
- 眠睡**면수** - 졸음과 잠
- 眠食**면식** - 잠자는 일과 먹는 일, 침식(寢食)

壽		命	

❖ 목숨 수
❖ life 수
❖ 라이프 수

❖ 목숨 명
❖ life 명
❖ 라이프 명

壽命 ☞ 타고난 목숨

- 壽康**수강** - 오래 살고 편안함
- 壽福**수복** - 오래 잘 사는 일과 행복을 누리는 일
- 壽昌**수창** - 오래 살고 번창함
- 命運**명운** - 운명
- 命名**명명** - 사람이나 물건에 이름을 지어 붙임
- 命脈**명맥** - 목숨과 혈맥

樹	朽	木	쏙

- ❖ 나무 수
- ❖ tree 수
- ❖ 트리 수

- ❖ 나무 목
- ❖ tree 목
- ❖ 트리- 목

樹木 ☞ 살아 있는 나무

- 樹立**수립** - 어떤 사업이나 공을 이룩하여 세움
- 樹液**액수** - 나무의 양분이 되는 액
- 樹陰**수음** - 나무의 그늘
- 木器**목기** - 나무로 만든 그릇
- 木材**목재** - 나무로 된 재료
- 木枕**목침** - 나무토막으로 만든 베개

修	仔	養	양

- ❖ 닦을 수
- ❖ polish 수
- ❖ 팔리쉬 수

- ❖ 기를 양
- ❖ nourish 양
- ❖ 너-리쉬 양

修養 ☞ 심신을 닦아 지덕을 계발함

- 修交**수교** - 나라와 나라 사이에 국교를 맺음
- 修道**수도** - 도를 닦아 수양함
- 修訂**수정** - 서적 등의 잘못을 고침
- 養鷄**양계** - 닭을 기름
- 養成**양성** - 길러 냄
- 養育**양육** - 길러 자라게 함

授		與	

- ❖ 줄 수
- ❖ give 수
- ❖ 기브 수

- ❖ 줄 여
- ❖ give 여
- ❖ 기브 여

授與 ☞ 상장이나 훈장 따위를 줌

- 授業**수업** - 학예를 가르쳐 줌
- 授受**수수** - 주는 일과 받는 일
- 授粉**수분** - 암술에 수술의 꽃가루를 붙여 줌
- 與件**여건** - 주어지거나 가정된 사물
- 與黨**여당** - 행정부의 정책을 지지하는 정당
- 與奪**여탈** - 주는 것과 빼앗는 것

需		要	娑

- ❖ 구할 수
- ❖ need 수
- ❖ 니-드 수

- ❖ 중요할 요
- ❖ important 요
- ❖ 임포어턴트 요

需要 ☞ 필요해서 얻고자 함

- 需給**수급** - 수요와 공급
- 需期**수기** - 수요의 시기
- 需世之才**수세지재** - 세상에 등용될 만한 인재
- 要綱**요강** - 중요한 근본 되는 사항
- 要件**요건** - 중요한 용건
- 要領**요령** - 경험에서 얻은 묘한 이치

手	亇	足	쪽

❖ 손 수
❖ hand 수
❖ 핸드 수

❖ 발 족
❖ foot 족
❖ 푸트 족

手足 ☞ 손과 발

- 手工**수공** - 손끝을 써서 만드는 공예
- 手段**수단** - 일을 해 나가는 꾀와 솜씨
- 手腕**수완** - 일을 꾸미거나 치러나가는 재간
- 足跡**족적** - 발자국
- 足過平生**족과평생** - 한 평생을 넉넉히 지낼 만함
- 足衣**족의** - 양말

隨	阝수	筆	필

❖ 따를 수
❖ follow 수
❖ 팔로우 수

❖ 붓 필
❖ writing brush 필
❖ 라이팅 브러쉬 필

隨筆 ☞ 생각대로 무형식으로 쓴 산문

- 隨伴**수반** - 데리고 감
- 隨想**수상** - 생각나는 대로
- 隨時**수시** - 그 때 그 때, 언제든지
- 筆記**필기** - 글씨로 써서 기록함
- 筆者**필자** - 글을 쓴 사람
- 筆致**필치** - 글씨나 문장을 쓰는 솜씨

輸		血	
❖ 나를 수 ❖ transport 수 ❖ 트랜스포어트 수		❖ 피 혈 ❖ blood 혈 ❖ 블러드 혈	

輸血 ☞ 환자에게 피를 주입함

- 輸送**수송** - 차량 등으로 사람이나 물건을 실어 보냄
- 輸入**수입** - 외국에서 물품을 들여옴
- 輸出**수출** - 외국으로 물품을 내보냄
- 血液**혈액** - 피
- 血管**혈관** - 혈액을 순환시키는 핏줄
- 血緣**혈연** - 같은 핏줄에 의하여 연결된 인연

叔		姪	
❖ 아재비 숙 ❖ uncle 숙 ❖ 엉클 숙		❖ 조카 질 ❖ nephew 질 ❖ 네퓨 질	

叔姪 ☞ 아저씨와 조카

- 叔父**숙부** - 아버지의 동생
- 叔母**숙모** - 숙부의 아내
- 叔行**숙항** - 아저씨뻘의 항렬
- 姪女**질녀** - 조카딸
- 姪婦**질부** - 조카며느리
- 姪壻**질서** - 조카사위

瞬	瞬	間	間

- ❖ 눈 깜짝할 순
- ❖ wink 순
- ❖ 윙크 순

- ❖ 사이 간
- ❖ between 간
- ❖ 비튀-인 간

瞬間 ☞ 잠깐 동안

- 瞬膜**순막** - 눈을 보호하기 위하여 눈 껍질 속에 있는 막
- 瞬視**순시** - 눈을 깜짝이면서 봄
- 瞬息間**순식간** - 매우 짧은 시간
- 間間**간간** - 틈틈이, 드문드문
- 間隔**간격** - 물건과 물건의 거리 사이
- 間食**간식** - 군음식

順	順	番	

- ❖ 순할 순
- ❖ obey 순
- ❖ 어베이 순

- ❖ 차례 번
- ❖ number 번
- ❖ 넘버 번

順番 ☞ 차례로 오는 번

- 順序**순서** - 정하여져 있는 차례
- 順理**순리** - 순조로운 이치, 도리에 순종함
- 順産**순산** - 아무 탈 없이 순조롭게 아이를 낳음
- 番番**번번** - 번번이, 매번
- 番號**번호** - 차례를 표시하는 숫자나 부호
- 番地**번지** - 번호를 붙여 나눈 땅

循	徇	環	環

- ❖ 돌 순
- ❖ round 순
- ❖ 라운드 순

- ❖ 고리 환
- ❖ ring 환
- ❖ 링 환

循環 ☞ 쉬지 않고 자꾸 돎

- 循例**순례** - 관례를 좇음
- 循吏**순리** - 법을 잘 지키며 열심히 근무하는 관리
- 循俗**순속** - 풍속을 좇음
- 環境**환경** - 주위의 사물과 사정
- 環攻**환공** - 사방을 포위하고 공격함
- 環視**환시** - 뭇사람이 둘러서서 봄

習	習	慣	慣

- ❖ 익힐 습
- ❖ study 습
- ❖ 스터디 습

- ❖ 버릇 관
- ❖ habit 관
- ❖ 해비트 관

習慣 ☞ 버릇

- 習讀**습독** - 글을 익혀 읽음
- 習得**습득** - 배워 터득함
- 習作**습작** - 연습하기 위하여 만든 작품
- 慣例**관례** - 습관이 된 전례
- 慣習**관습** - 버릇
- 慣行**관행** - 늘 행하여지는 일

昇	昪	降	陟

❖ 오를 승
❖ rise 승
❖ 라이즈 승

❖ 내릴 강(항복 항)
❖ descend 강
❖ 디센드 강

昇降 오르고 내림

- 昇格**승격** - 격을 올림
- 昇段**승단** - 바둑이나 태권도 따위의 단수가 오름
- 昇進**승진** - 관위나 지위가 높아짐
- 降雪**강설** - 눈이 내림
- 降下**강하** - 내려감
- 降伏**항복** - 전쟁에 패배하여 적에게 굴복함(降服)

勝	脵	利	利

❖ 이길 승
❖ win 승
❖ 윈 승

❖ 이로울 리
❖ benefit 리
❖ 베니핏 리

勝利 겨루어 이김

- 勝率**승률** - 경기 등에서 이긴 비율
- 勝負**승부** - 이김과 짐
- 勝算**승산** - 꼭 이길 가망성
- 利權**이권** - 이익을 얻는 권리
- 利潤**이윤** - 장사하여 남은 돈
- 利子**이자** - 빚돈에 덧붙어 느는 돈, 길미

乘	슭	馬	呒

* 탈 승
* ride 승
* 라이드 승

* 말 마
* horse 마
* 호어스 마

乘馬 ☞ 말 타기

* 乘客**승객** - 배나 차 따위를 타는 손님
* 乘用車**승용차** - 사람이 타는 자동차
* 乘合**승합** - 여러 사람이 함께 탐
* 馬脚**마각** - 겉치레 하였던 본성(本性)
* 馬蹄**마제** - 말의 발굽
* 馬車**마차** - 말이 끄는 수레

時	畤	價	俫

* 때 시
* time 시
* 타임 시

* 값 가
* value 가
* 밸류 가

時價 ☞ 일정한 시기의 물품 가격

* 時間**시간** - 어느 때로부터 어느 때까지의 사이
* 時局**시국** - 시대의 되어 가는 상태
* 時機尙早**시기상조** - 아직 시기가 이르다는 말
* 價格**가격** - 값
* 價額**가액** - 값
* 價折**가절** - 값을 깎음

詩	訽	句	勹

❖ 시 시
❖ poetry 시
❖ 포우이트리 시

❖ 글귀 구
❖ passage 구
❖ 패시지 구

詩句 ☞ 시의 구절

- 詩歌**시가** - 시와 노래
- 詩壇**시단** - 시인으로 이루어진 사회
- 詩集**시집** - 시를 여러 편 모아서 엮은 책
- 句決**구결** - 부인의 머리치장
- 句管**구관** - 맡아 관리함
- 句重眼**구중안** - 시구 중에서 중요한 글자

市	亣	郡	郡

❖ 저자 시
❖ city 시
❖ 시티 시

❖ 고을 군
❖ district 군
❖ 디스트릭트 군

市郡 ☞ 행정 구역의 시와 군

- 市營**시영** - 시에서 하는 경영
- 市民**시민** - 도시의 주민
- 市立**시립** - 시의 경비로 설립 유지하는 일
- 郡界**군계** - 한 군과 딴 군과의 경계
- 郡民**군민** - 그 고을에 사는 사람
- 郡部**군부** - 도시에서 떨어져 있는 지방

試		驗	

- ❖ 시험할 시
- ❖ test 시
- ❖ 테스트 시

- ❖ 증험할 험
- ❖ examine 험
- ❖ 이그재민 험

試驗 ☞ 재능, 실력 등을 증험하여 봄

- 試掘시굴 - 시험적으로 광맥 따위를 파보는 것
- 試合시합 - 승패를 겨루는 일
- 試食시식 - 맛을 보기 위하여 시험적으로 먹음
- 驗問험문 - 조사함
- 驗覆험복 - 거듭 조사해 밝힘
- 驗證험증 - 증거

- ❖ 밥 식
- ❖ eat 식
- ❖ 이-트 식

- ❖ 집 당
- ❖ hall 당
- ❖ 호-올 당

食堂 ☞ 식사를 하도록 설비된 방

- 食口식구 - 한 집안에서 같이 살며 끼니를 함께하는 사람
- 食單식단 - 요리의 종목
- 食糧식량 - 양식
- 堂堂당당 - 어연번듯한 모양
- 堂叔당숙 - 종숙의 친근한 일컬음
- 堂上당상 - 마루 위, 대청 위

植	杙	物	

- ❖ 심을 식
- ❖ plant 식
- ❖ 플랜트 식

- ❖ 만물 물
- ❖ matter 물
- ❖ 매터 물

植物 ☞ 생물 중 동물을 제외한 것

- 植木식목 - 나무를 심음
- 植樹식수 - 나무를 심음
- 植字식자 - 활판 인쇄에서 활자를 원고대로 늘어 짜는 일
- 物證물증 - 물적 증거
- 物體물체 - 물건의 형체
- 物理물리 - 모든 물건의 이치

新	忻	羅	罗

- ❖ 새 신
- ❖ new 신
- ❖ 뉴- 신

- ❖ 비단 라
- ❖ silk 라
- ❖ 실크 라

新羅 ☞ 삼국시대의 한 나라 이름

- 新聞신문 - 새로운 소식 등을 보도하는 정기 간행물
- 新綠신록 - 초목의 새 잎의 푸른 빛
- 新設신설 - 새로 설치함
- 羅針盤나침반 - 반에 자침을 비치하여 방위를 아는 기계
- 羅紗나사 - 서양에서 전래한 모직물
- 羅馬나마 - 로마(Roma)의 음역(音譯)

信	伩	仰	仰

❖ 믿을 신
❖ faith 신
❖ 페이스 신

❖ 우러를 앙
❖ adore 앙
❖ 어도어 앙

信仰 ☞ 종교를 믿고 받드는 일

- 信用**신용** - 약속한 일을 잘 지킴
- 信實**신실** - 믿음성 있고 꾸밈이 없음
- 信念**신념** - 굳게 믿어 의심하지 않는 마음
- 仰望**앙망** - 우러러 봄, 삼가 바람
- 仰視**앙시** - 우러러 봄
- 仰祝**앙축** - 우러러 축하함

伸	伸	縮	縮

❖ 펼 신
❖ spread 신
❖ 스프레드 신

❖ 줄일 축
❖ shrink 축
❖ 쉬링크 축

伸縮 ☞ 늘이고 줄임

- 伸張**신장** - 늘이어 넓게 폄
- 伸寃**신원** - 원통한 일을 풂
- 伸訴**신소** - 억울함을 호소함
- 縮圖**축도** - 원형보다 줄여 그린 그림
- 縮小**축소** - 줄여 작게 함
- 縮手**축수** - 손을 뗌, 일을 그침

失		脚	肝각

- ❖ 잃을 실
- ❖ lose 실
- ❖ 루-즈 실

- ❖ 다리 각
- ❖ leg 각
- ❖ 레그 각

失脚 ☞ 처지나 지위를 잃음

- 失手실수 - 잘못해 그르침
- 失言실언 - 말에 실수함
- 失業실업 - 생업을 잃음
- 脚光각광 - 무대의 아래쪽에서 배우를 비추는 광선
- 脚本각본 - 연극의 무대 장치 및 배우의 대사 등을 적은 글
- 脚線美각선미 - 여자 다리의 곡선의 아름다움

實		踐	

- ❖ 열매 실
- ❖ fruit 실
- ❖ 프루-트 실

- ❖ 밟을 천
- ❖ tread 천
- ❖ 트레드 천

實踐 ☞ 실지로 이행함

- 實感실감 - 실제로 느낌
- 實力실력 - 옹골찬 힘, 실제의 역량
- 實務실무 - 실제로 맡아 보는 일
- 踐行천행 - 말한 바를 실지로 행함
- 踐約천약 - 약속을 이행함
- 踐踏천답 - 짓밟다

審	窑	問	문

- ❖ 살필 심
- ❖ investigate 심
- ❖ 인베스티게이트 심

- ❖ 물을 문
- ❖ ask 문
- ❖ 애스크 문

審問 ☞ 자세히 살피고 따져서 물음

- 審査심사 - 자세히 조사함
- 審判심판 - 사건을 심리해 판단 또는 판결함
- 審議심의 - 심사하여 논의함
- 問答문답 - 물음과 대답
- 問題문제 - 연구 · 논의하여 해결해야 할 사항
- 問安문안 - 웃어른께 안부의 말씀을 여쭘

心	심	臟	月장

- ❖ 마음 심
- ❖ mind 심
- ❖ 마인드 심

- ❖ 오장 장
- ❖ viscera 장
- ❖ 비서러 장

心臟 ☞ 염통

- 心氣심기 - 마음으로 느끼는 기분
- 心志심지 - 마음과 뜻
- 心情심정 - 마음과 정
- 臟器장기 - 내장의 여러 기관
- 臟腑장부 - 오장과 육부
- 臟厥症장궐증 - 설사, 구토, 오한이 일어나는 증세

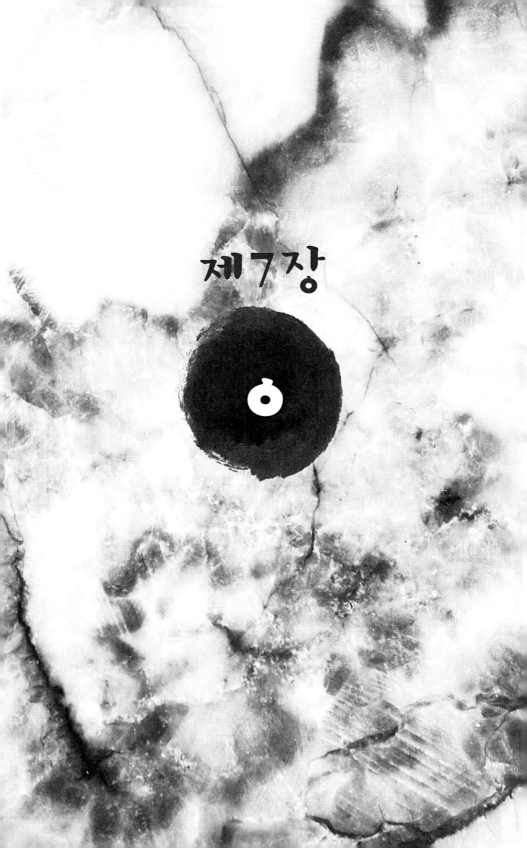

제7장

雅	雅	量	량

- ❖ 바를 아
- ❖ refine 아
- ❖ 리파인 아

- ❖ 헤아릴 량
- ❖ measure 량
- ❖ 메져 량

雅量 ☞ 깊고 너그러운 도량

- 雅潔**아결** - 행동이 단아하고 마음이 고결함
- 雅正**아정** - 아담하고 바름
- 雅淡**아담** - 고아하고 담박함 아담(雅澹)
- 量感**양감** - 크고 풍만한 느낌
- 量檢**양검** - 헤아려 검사함
- 量入計出**양입계출** - 수지를 꼭 알맞게 함

案	앚	件	건

- ❖ 책상 안
- ❖ table 안
- ❖ 테이블 안

- ❖ 사건 건
- ❖ event 건
- ❖ 이벤트 건

案件 ☞ 토의하거나 조사할 일

- 案內**안내** - 인도하여 내용을 알려 줌
- 案牘**안독** - 관청의 문서
- 案机**안궤** - 책상
- 件名**건명** - 일이나 물건의 이름
- 件件事事**건건사사** - 모든 일
- 件數**건수** - 사물 · 사건의 수

安		寧	

❖ 편안할 안
❖ peaceable 안
❖ 피-서블 안

❖ 편안할 녕
❖ peaceable 녕
❖ 피-서블 녕

安寧 ☞ 안전하고 태평함

- 安心**안심** - 마음을 편안히 가짐
- 安堵**안도** - 마음을 놓음
- 安否**안부** - 편안함과 편안하지 않음
- 寧居**영거** - 안심하고 편안히 삶
- 寧歲**영세** - 일이 없고 평화로운 해
- 寧息**영식** - 편안히 쉼

暗	暗	誦	誦

❖ 어두울 암
❖ dark 암
❖ 다어크 암

❖ 욀 송
❖ recite 송
❖ 리사이트 송

暗誦 ☞ 머릿속에 외어 두고 읽음

- 暗鬪**암투** - 암암리의 다툼
- 暗記**암기** - 머릿속에 외고 잊지 않음
- 暗暗裡**암암리** - 아무도 모르는 사이
- 誦讀**송독** - 외어서 읽음
- 誦說**송설** - 읽는 일과 설명하여 밝히는 일
- 誦詠**송영** - 시가(詩歌)를 외어 읊음

壓	압	倒	도

❖ 누를 압
❖ press 압
❖ 프레스 압

❖ 넘어질 도
❖ collapse 도
❖ 컬래프스 도

壓倒 ☞ 눌러서 넘어뜨림

- 壓力**압력** - 물체가 다른 물체를 누르는 힘
- 壓迫**압박** - 내리 누름
- 壓縮**압축** - 눌러서 오그라뜨림
- 倒立**도립** - 거꾸로 섬
- 倒置**도치** - 거꾸로 놓음
- 倒産**도산** - 가산을 탕진함

哀	애	惜	석

❖ 슬플 애
❖ grief 애
❖ 그리-프 애

❖ 아낄 석
❖ grudge 석
❖ 그러지 석

哀惜 ☞ 슬프고 아깝게 여김

- 哀調**애조** - 슬픈 곡조
- 哀切**애절** - 몹시 애처롭고 슬픔
- 哀別**애별** - 슬프게 이별함
- 惜別**석별** - 서로 이별하기를 애틋하게 여김
- 惜敗**석패** - 아깝게 짐
- 惜賣**석매** - 폭리를 목적으로 매출을 꺼리는 일

藥		局	屌

- ❖ 약 **약**
- ❖ drug **약**
- ❖ 드러그 **약**

- ❖ 판 **국**
- ❖ place **국**
- ❖ 플레이스 **국**

藥局 ☞ 약을 조제·판매하는 곳

- 藥物**약물** - 약, 약재
- 藥草**약초** - 약용의 풀
- 藥效**약효** - 약의 효과
- 局面**국면** - 일이 되어 가는 상태
- 局所**국소** - 전체 가운데 일부분, 국부(局部)
- 局番號**국번호** - 전화 교환국의 국명에 대용되는 번호

掠	搾	奪	

- ❖ 노략질할 **약**
- ❖ plunder **약**
- ❖ 플런더 **약**

- ❖ 빼앗을 **탈**
- ❖ deprive **탈**
- ❖ 디프라이브 **탈**

掠奪 ☞ 폭력을 써서 빼앗음

- 掠盜**약도** - 탈취하여 도둑질함
- 掠定**약정** - 공격하여 평정함
- 掠治**약치** - 채찍질하여 죄인을 다스림
- 奪取**탈취** - 빼앗아 가짐
- 奪去**탈거** - 빼앗아 감
- 奪情**탈정** - 억지로 남의 정을 빼앗음

兩	양	位	위

- ❖ 두 양
- ❖ pair 양
- ❖ 페어 양

- ❖ 자리 위
- ❖ position 위
- ❖ 퍼지션 위

兩位 ☞ 부부 두 내외분

- 兩脚**양각** - 두 다리
- 兩肩**양견** - 양쪽 어깨
- 兩難**양난** - 이러기도 어렵고 저러기도 어려움
- 位階**위계** - 벼슬의 등급
- 位置**위치** - 자리
- 位次**위차** - 벼슬의 순서

諒	言양	解	角해

- ❖ 참 양
- ❖ sincere 양
- ❖ 신시어 양

- ❖ 풀 해
- ❖ explain 해
- ❖ 익스플레인 해

諒解 ☞ 사정을 짐작하여 잘 이해함

- 諒恕**양서** - 사정을 참작하여 용서함
- 諒知**양지** - 살펴서 앎
- 諒闇**양암** - 임금이 부모의 상중에 거하는 방
- 解渴**해갈** - 목마름을 풀어 버림
- 解決**해결** - 얽힌 일을 풀어서 처리함
- 解說**해설** - 알도록 풀어서 밝힘

語	言어	錄	金록

❖ 말씀 어
❖ word 어
❖ 워-드 어

❖ 기록할 록
❖ record 록
❖ 리코어드 록

語錄 ☞ 짤막한 말을 모은 기록

- 語感**어감** - 말이 주는 느낌
- 語法**어법** - 말의 법칙
- 語學**어학** - 언어에 관하여 연구하는 학문
- 錄音**녹음** - 소리를 필름 등에 기계로 기록함
- 錄畫**녹화** - 비디오테이프에 영상을 기록함
- 錄勳**녹훈** - 훈공(勳功)을 장부에 기록함

漁	氵어	船	舟선

❖ 고기 잡을 어
❖ fishing 어
❖ 피슁 어

❖ 배 선
❖ ship 선
❖ 쉽 선

漁船 ☞ 고기잡이하는 배

- 漁家**어가** - 고기잡이를 하여 살림을 꾸려나가는 집
- 漁具**어구** - 고기잡이에 쓰는 제구
- 漁網**어망** - 물고기 잡는 그물
- 船舶**선박** - 배
- 船齡**선령** - 배가 진수한 때부터의 경과 연수
- 船路**선로** - 뱃길

抑	抑	留	留

* 누를 억
* press 억
* 프레스 억

* 머무를 류
* stay 류
* 스테이 류

抑留 ☞ 억지로 머무르게 함

- 抑壓**억압** - 힘으로 억누름
- 抑制**억제** - 억눌러서 제어함
- 抑鬱**억울** - 애먼 일을 당하여 원통하고 답답함
- 留學**유학** - 외국에 가서 공부함
- 留宿**유숙** - 남의 집에 묵음
- 留財**유재** - 모아 둔 재물

億	億	兆	兆

* 억 억
* hundred million 억
* 헌드러드 밀련 억

* 조 조
* million million 조
* 밀련 밀련 조

億兆 ☞ 억, 조

- 億劫**억겁** - 무한히 길고 오랜 동안
- 億代**억대** - 아주 오랜 세대
- 億測**억측** - 추측하여 헤아림
- 兆物**조물** - 많은 물건
- 兆朕**조짐** - 길흉의 기미가 미리 보이는 변화 현상
- 兆京**조경** - 무척 많은 수를 형용함

嚴　嚴　肅　肅

- ❖ 엄할 엄
- ❖ solemn 엄
- ❖ 살럼 엄

- ❖ 엄숙할 숙
- ❖ severe 숙
- ❖ 시비어 숙

嚴肅 ☞ 장엄하고 정숙함

- 嚴禁**엄금** - 엄하게 막음
- 嚴格**엄격** - 말과 행실이 엄숙하고 적당함
- 嚴命**엄명** - 엄중하게 명령함
- 肅敬**숙경** - 삼가 존경함
- 肅啓**숙계** - 삼가 말씀 드림
- 肅淸**숙청** - 불순분자를 몰아냄

旅　方여　館　食관

- ❖ 나그네 여
- ❖ travel 여
- ❖ 트래블 여

- ❖ 집 관
- ❖ house 관
- ❖ 하우스 관

旅館 ☞ 나그네를 치는 집

- 旅客機**여객기** - 여객을 태워 나르는 비행기
- 旅券**여권** - 외국 가는 사람에게 주는 정부의 허가증
- 旅程**여정** - 여행하는 일수나 이수나 길의 차례
- 館舍**관사** - 옛날 외국 사신을 유숙시키던 집
- 館員**관원** - 관(館)에서 일을 보는 사람
- 館甥**관생** - 사위

輿	軺여	論	誋론

❖ 수레 여
❖ cart 여
❖ 카어트 여

❖ 논할 론
❖ discuss 론
❖ 디스커스 론

輿論 ☞ 사회 대중의 공통된 의견

- 輿服**여복** - 수레와 관복
- 輿人**여인** - 뭇 사람
- 輿情**여정** - 어떤 사실에 대한 일반 사회의 반응
- 論說**논설** - 사물의 이치를 들어 의견을 논하거나 설명함
- 論文**논문** - 논설하는 글월
- 論理**논리** - 생각하여 분별하는 이치

餘	餰여	韻	音운

❖ 남을 여
❖ remain 여
❖ 리메인 여

❖ 운 운
❖ rhyme 운
❖ 라임 운

餘韻 ☞ 원래의 운치가 끝난 뒤의 운치

- 餘裕**여유** - 넉넉하고 남음이 있음
- 餘暇**여가** - 겨를, 틈
- 餘地**여지** - 여망(餘望)이 있는 앞길
- 韻致**운치** - 고아한 품위가 있는 기상
- 韻律**운율** - 시문(詩文)의 음성적 형식
- 韻響**운향** - 시의 신비스러운 운치와 음조

研	石연	究	宇

- ❖ 갈 연
- ❖ polish 연
- ❖ 팔리쉬 연

- ❖ 궁구할 구
- ❖ inquire 구
- ❖ 인콰이어 구

研究 ☞ 조사하고 생각하여 알아냄

- 研磨**연마** - 갈고 닦음
- 研修**연수** - 학업을 연구하여 닦음
- 研鑽**연찬** - 학문을 깊이 연구함
- 究極**구극** - 극도에 달함
- 究明**구명** - 사리를 궁구하여 밝힘
- 究問**구문** - 샅샅이 조사함

演		劇	

- ❖ 흐를 연
- ❖ flow 연
- ❖ 플로우 연

- ❖ 심할 극
- ❖ extreme 극
- ❖ 익스트리-임 극

演劇 ☞ 배우가 연기하는 예술

- 演出**연출** - 무대 위에 상연이나 영화 제작을 지도하는 일
- 演技**연기** - 관객에게 기예를 행동으로 보이는 일
- 演藝界**연예계** - 연예인들의 사회
- 劇場**극장** - 연극을 연출하거나 영화를 상영하는 곳
- 劇本**극본** - 각본(脚本)
- 劇變**극변** - 급격한 변화, 급변

連	逪	絡	綒락

❖ 이을 연
❖ connect 연
❖ 커넥트 연

❖ 이을 락
❖ connect 락
❖ 커넥트 락

連絡 ☞ 잇대어 계속함

- 連結**연결** - 서로 이어서 맺음
- 連繫**연계** - 이음
- 連帶**연대** - 2인 이상이 공동하여 책임을 지는 일
- 絡車**낙거** - 실을 감는 물레
- 絡石**낙석** - 담쟁이
- 絡束**낙속** - 묶음

聯	耳연	盟	盟맹

❖ 연할 연
❖ connect 연
❖ 커넥트 연

❖ 맹세할 맹
❖ oath 맹
❖ 오우스 맹

聯盟 ☞ 공동 목적을 가진 조직체

- 聯關**연관** - 관련
- 聯臂**연비** - 서로 이리저리 알게 됨
- 聯奏**연주** - 둘이서 악기를 동시에 연주(演奏)함
- 盟邦**맹방** - 동맹을 맺은 나라
- 盟誓**맹서** - 맹세(장래를 두고 다짐하여 약속함)
- 盟約**맹약** - 맹세하여 맺은 굳은 약속

戀	恋	慕	못

- ❖ 사모할 **연**
- ❖ yearn **연**
- ❖ 여-언 **연**

- ❖ 그리워할 **모**
- ❖ longing **모**
- ❖ 롱-잉 **모**

戀慕 ☞ 사모하여 그리워함

- 戀情**연정** - 연모하여 그리는 마음
- 戀愛**연애** - 남녀 간의 그리워 사모하는 애정
- 戀戀**연연** - 그립고 애틋하여 잊지 못하는 모양
- 慕戀**모련** - 그리워하여 늘 생각함
- 慕心**모심** - 그리워하는 마음
- 慕悅**모열** - 사모하여 기뻐함

憐	忴	憫	忟

- ❖ 불쌍히 여길 **연**
- ❖ pity **연**
- ❖ 피티 **연**

- ❖ 불쌍히 여길 **민**
- ❖ pity **민**
- ❖ 피티 **민**

憐憫 ☞ 불쌍하고 가련함

- 憐惜**연석** - 불쌍히 여기며 아낌
- 憐察**연찰** - 가엾이 여겨 동정함
- 憐恤**연휼** - 가엾이 여겨 물건을 베풀어 도와줌
- 憫憫**민망** - 답답하고 딱하여 걱정스러움
- 憫然**민연** - 불쌍히 여기는 모양
- 憫迫**민박** - 근심이 아주 절박함

燃	火燃	燒	火소

❖ 사를 연
❖ flame 연
❖ 플레임 연

❖ 사를 소
❖ flame 소
❖ 플레임 소

燃燒 ☞ 불붙어 탐

- 燃燈節**연등절** - 초파일
- 燃料**연료** - 열이나 빛을 이용하기 위하여 태우는 재료
- 燃眉之厄**연미지액** - 절박한 재액(災厄)
- 燒却**소각** - 불에 태워서 없애 버림
- 燒失**소실** - 불에 타서 없어짐
- 燒酒**소주** - 곡식과 누룩으로 담가 만든 투명의 술

沿	涊	岸	岸

❖ 따를 연
❖ along 연
❖ 얼로-옹 연

❖ 언덕 안
❖ shore 안
❖ 쇼어 안

沿岸 ☞ 하해나 호수에 연한 물가

- 沿道**연도** - 길바닥, 길의 양쪽
- 沿海**연해** - 대륙의 가까운 곳에 있는 얕은 바다
- 沿革**연혁** - 변천하여 온 내력
- 岸壁**안벽** - 깎아지른 듯이 험한 물가
- 岸傑**안걸** - 체구가 크고 씩씩하며 쾌활함
- 岸畔**안반** - 부둣가

軟		弱	

❖ 연할 **연**
❖ soft **연**
❖ 소-프트 **연**

❖ 약할 **약**
❖ weak **약**
❖ 위-크 **약**

軟弱 ☞ 연하고 약함

- 軟化**연화** - 단단한 것이 부드럽고 무르게 됨
- 軟滑**연활** - 연하고 매끄러움
- 軟膏**연고** - 고약의 하나
- 弱骨**약골** - 몸이 약한 사람
- 弱冠**약관** - 남자 나이 20세의 일컬음
- 弱小**약소** - 약하고 작음

烈	烮	士	

❖ 굳셀 **열**
❖ strong **열**
❖ 스트롱- **열**

❖ 선비 **사**
❖ scholar **사**
❖ 스칼러 **사**

烈士 ☞ 절개가 굳은 사람

- 烈光**열광** - 강렬한 빛
- 烈女**열녀** - 절개가 곧은 여자
- 烈火**열화** - 맹렬히 타는 불
- 士官**사관** - 병졸을 지휘하는 무관 장교(將校)
- 士林**사림** - 선비들의 세계
- 士論**사론** - 선비들의 공론(公論)

列	옐	車	챠

- ❖ 벌일 **열**
- ❖ line **열**
- ❖ 라인 **열**

- ❖ 수레 **차**(수레 거)
- ❖ car **차**
- ❖ 카어 **차**

列車 ☞ 기관에 객차 화차 등을 갖춘 차

- 列强**열강** - 여러 강한 나라들
- 列擧**열거** - 하나씩 들어 말함
- 列聖朝**열성조** - 여러 대의 임금의 시대
- 車道**차도** - 주로 차가 통행하도록 규정한 도로
- 車輛**차량** - 기차의 한 칸 여러 가지 수레의 총칭
- 車主**차주** - 차의 주인

廉	唐	恥	치心

- ❖ 청렴할 **염**
- ❖ modest **염**
- ❖ 마디스트 **염**

- ❖ 부끄러울 **치**
- ❖ shameful **치**
- ❖ 쉐임펄 **치**

廉恥 ☞ 염결하여 수치를 아는 마음

- 廉價**염가** - 싼 값
- 廉探**염탐** - 남 몰래 사정을 조사함
- 廉正**염정** - 마음이 깨끗하고 공정함
- 恥事**치사** - 남부끄러운 일
- 恥部**치부** - 남에게 알리고 싶지 않은 부끄러운 부분
- 恥辱**치욕** - 수치와 모욕

❖ 영화 영
❖ glory 영
❖ 글로-리 영

❖ 기릴 예
❖ praise 예
❖ 프레이즈 예

榮譽 ☞ 영광스러운 명예

- 榮辱**영욕** - 영예와 치욕
- 榮光**영광** - 빛나는 영예
- 榮枯盛衰**영고성쇠** - 성하고 쇠함이 뒤바뀌는 현상
- 譽望**예망** - 명예와 인망(人望)
- 譽聲**예성** - 좋은 평판
- 譽言**예언** - 칭찬하여 기리는 말

❖ 없을 영
❖ zero 영
❖ 지어로우 영

❖ 아래 하
❖ below 하
❖ 빌로우 하

零下 ☞ 온도계의 빙점 이하

- 零度**영도** - 도수를 잴 때에 기점으로 하는 도
- 零落**영락** - 풀과 나무가 시들어 떨어짐
- 零細**영세** - 극히 작고 가늘어 변변하지 못함
- 下降**하강** - 아래로 내려옴
- 下級**하급** - 등급이 낮음
- 下車**하차** - 차에서 내림

影	影	響	향音

- ❖ 그림자 영
- ❖ shadow 영
- ❖ 섀도우 영

- ❖ 울림 향
- ❖ echo 향
- ❖ 에코우 향

影響 ☞ 다른 사물에 미치는 결과

- 影單**영단** - 외로운 몸
- 影子**영자** - 그림자
- 影幀**영정** - 화상을 그린 족자
- 響動**향동** - 울림
- 響卜**향복** - 물건의 울림으로 길흉을 점침
- 響應**향응** - 소리에 이어서 울리는 소리가 응함

靈	靈	魂	云혼

- ❖ 신령 영
- ❖ spirit 영
- ❖ 스피리드 영

- ❖ 넋 혼
- ❖ spirit 혼
- ❖ 스피리트 혼

靈魂 ☞ 죽은 사람의 넋

- 靈感**영감** - 신의 영묘한 감응
- 靈藥**영약** - 영험이 있는 좋은 약
- 靈筆**영필** - 뛰어난 글, 영묘한 필치
- 魂怯**혼겁** - 몹시 놀라거나 무서워서 겁을 냄
- 魂魄**혼백** - 넋, 영혼
- 魂飛魄散**혼비백산** - 몹시 놀라 어쩔 줄 모르는 상황

銳		敏	敄

- ❖ 날카로울 예
- ❖ sharp 예
- ❖ 샤어프 예

- ❖ 민첩할 민
- ❖ quick 민
- ❖ 퀵 민

銳敏 ☞ 감각 등이 날카롭고 민첩함

- 銳智예지 - 예민한 지식
- 銳角예각 - 직각보다 작은 각도
- 銳精예정 - 정신을 한 군대로 모아 일에 힘씀
- 敏感민감 - 예민한 감각
- 敏捷민첩 - 재빠르고 날램
- 敏活민활 - 날쌔고 활발함

藝	苪	術	

- ❖ 기예 예
- ❖ skill 예
- ❖ 스킬 예

- ❖ 꾀 술
- ❖ stratagem 술
- ❖ 스트래티점 술

藝術 ☞ 기예와 학술

- 藝能예능 - 어떤 기예에 뛰어난 재능
- 藝苑예원 - 예술의 사회
- 藝閣예각 - 장서고 또는 독서실
- 術家술가 - 풍수지리나 점술에 뛰어난 사람 술객(術客)
- 術法술법 - 음양과 복술 따위에 관한 실현 방법
- 術策술책 - 모략(謀略), 계략(計略)

豫		知	지ㅁ

- ❖ 미리 예
- ❖ beforehand 예
- ❖ 비포어핸드 예

- ❖ 알 지
- ❖ know 지
- ❖ 노우 지

豫知 ☞ 미리 앎

- 豫感**예감** - 어떤 일을 사전에 미리 느끼는 느낌
- 豫斷**예단** - 미리 판단하는 것
- 豫定**예정** - 미리 정함
- 知覺**지각** - 알아서 깨달음
- 知識**지식** - 어떤 사물에 관한 명료한 의식
- 知人**지인** - 잘 아는 사람

娛	女오	樂	

- ❖ 즐길 오
- ❖ amuse 오
- ❖ 어뮤-즈 오

- ❖ 즐길 락(풍류 악 · 좋아할 요)
- ❖ amuse 락
- ❖ 어뮤-즈 락

娛樂 ☞ 즐겁고 재미있게 노는 놀이

- 娛樂室**오락실** - 오락에 필요한 시설을 해 놓은 방
- 娛遊**오유** - 오락과 유희
- 娛嬉**오희** - 즐거워하고 기뻐함
- 樂園**낙원** - 즐거움이 넘쳐흐르는 곳
- 樂器**악기** - 음악을 연주하는데 쓰이는 기구의 총칭
- 樂山樂水**요산요수** - 산수를 좋아함

傲		慢	

- ❖ 거만할 **오**
- ❖ haughty **오**
- ❖ 호-티 **오**

- ❖ 거만할 **만**
- ❖ haughty **만**
- ❖ 호-티 **만**

傲慢 ☞ 잘난 체하여 방자함

- 傲氣**오기** - 오만스러운 기운
- 傲霜**오상** - 서리에도 굽히지 않음
- 傲色**오색** - 오만한 기색
- 慢罵**만매** - 만만히 여겨 함부로 꾸짖음
- 慢然**만연** - 교만하여 의기양양한 모양
- 慢易**만이** - 낮춰 보아 업신여김

頑		固	

- ❖ 완고할 **완**
- ❖ obstinacy **완**
- ❖ 아브스터너시 **완**

- ❖ 굳을 **고**
- ❖ firm **고**
- ❖ 퍼-엄 **고**

頑固 ☞ 완강하고 고루함

- 頑强**완강** - 완고하고 굳셈
- 頑拒**완거** - 끝내 굳세게 거절함
- 頑守**완수** - 굳세게 지킴
- 固所願**고소원** - 원래부터 바라던 바임
- 固陋**고루** - 견문이 좁고 완고함
- 固辭**고사** - 굳이 사양함

完	完	遂	遂

❖ 완전할 완
❖ complete 완
❖ 컴플리-트 완

❖ 이를 수
❖ last 수
❖ 래스트 수

完遂 ☞ 완전히 수행함

- 完了**완료** - 완전히 끝을 냄
- 完工**완공** - 공사를 완성함
- 完成**완성** - 완전히 이룸
- 遂行**수행** - 계획한 대로 해냄
- 遂事**수사** - 벌써 다 된 일
- 遂誠**수성** - 정성을 다함

王	왕	妃	妃

❖ 임금 왕
❖ king 왕
❖ 킹 왕

❖ 왕비 비
❖ queen 비
❖ 퀸- 비

王妃 ☞ 임금의 부인 왕후(王后)

- 王冠**왕관** - 임금의 머리에 쓰는 관
- 王母**왕모** - 할머니의 존칭
- 王氣**왕기** - 임금이 날 징조, 임금이 될 징조
- 妃嬪**비빈** - 비와 빈
- 妃氏**비씨** - 왕비로 뽑힌 아가씨의 일컬음
- 妃嬙**비장** - 궁녀

料	粒	亭	쳥

- ❖ 헤아릴 요
- ❖ estimate 요
- ❖ 에스터메이트 요

- ❖ 정자 정
- ❖ arbour 정
- ❖ 아어버 정

料亭 ☞ 요릿집

- 料理**요리** - 음식물을 조리함 처리함
- 料金**요금** - 수수료로 주는 돈
- 料度**요탁** - 남의 심중을 헤아림
- 亭子**정자** - 놀기 위하여 산수가 좋은 곳에 지은 집
- 亭閣**정각** - 정자
- 亭亭**정정** - 노인이 건강한 모양

勇	彞	猛	猚

- ❖ 날랠 용
- ❖ brave 용
- ❖ 브레이브 용

- ❖ 사나울 맹
- ❖ fierce 맹
- ❖ 피어스 맹

勇猛 ☞ 용감하고 사나움

- 勇氣**용기** - 씩씩한 의기
- 勇敢**용감** - 용기가 있어 사물에 임하여 과감함
- 勇斷**용단** - 용기를 가지고 결단함
- 猛烈**맹렬** - 기세가 사납고 세참
- 猛攻擊**맹공격** - 맹렬히 공격함
- 猛獸**맹수** - 사나운 짐승

優	仵	秀	夲

- ❖ 넉넉할 우
- ❖ enough 우
- ❖ 이너프 우

- ❖ 빼어날 수
- ❖ surpass 수
- ❖ 서패스 수

優秀 ☞ 뛰어나고 빼어남

- 優良**우량** - 뛰어나게 좋음
- 優先**우선** - 딴 것에 앞섬
- 優待**우대** - 특별히 잘 대우함
- 秀麗**수려** - 빼어나게 아름다움
- 秀才**수재** - 뛰어난 재주, 미혼 남자에 대한 존칭
- 秀敏**수민** - 뛰어나고 현명함

偶	偁	然	뎄

- ❖ 짝 우
- ❖ pair 우
- ❖ 페어 우

- ❖ 그러할 연
- ❖ but 연
- ❖ 벗 연

偶然 ☞ 예상하지 않았던 일

- 偶感**우감** - 문득 느낌
- 偶數**우수** - 짝수
- 偶成**우성** - 우연히 이루어짐
- 然諾**연낙** - 청하는 바를 들어 줌
- 然後**연후** - 그런 뒤
- 然否**연부** - 그러함과 그렇지 아니함

宇	字	宙	宍

❖ 집 우
❖ house 우
❖ 하우스 우

❖ 하늘 주
❖ universe 주
❖ 유-니버-스 주

宇宙 ☞ 세계 또는 천지간

- 宇內**우내** - 온 세상 안, 세계(世界)
- 宇量**우량** - 인물(人物), 성질(性質)
- 宇下**우하** - 처마 밑
- 宇宙引力**우주인력** - 만유인력(萬有引力)
- 宙合樓**주합루** - 창덕궁 안의 한 누(樓)
- 宙水**주수** - 하천의 퇴적물로 된 점토층에 고인 지하수

郵	郛	便	㥶

❖ 역말 우
❖ mail 우
❖ 메일 우

❖ 편할 편(똥오줌 변)
❖ convenient 편
❖ 컨비-넌트 편

郵便 ☞ 서신·통신 등을 담당하는 업무

- 郵票**우표** - 우편 요금을 낸 표시로 붙이는 증표
- 郵券**우권** - 우표
- 郵遞局**우체국** - 우편 사무를 맡아 보는 현업 기관
- 便利**편리** - 편하고 쉬움
- 便安**편안** - 무사함
- 便所**변소** - 대소변을 보게 된 곳, 뒷간, 측간(厠間)

運	迲	賃	負

- ❖ 움직일 운
- ❖ movement 운
- ❖ 므-브먼트 운

- ❖ 품삯 임
- ❖ hire 임
- ❖ 하이어 임

運賃 ☞ 운송에 대한 삯

- 運數**운수** - 사람의 몸에 돌아오는 길흉과 화복
- 運動**운동** - 몸을 놀려 움직임
- 運轉**운전** - 차를 조종하여 달리게 함
- 賃金**임금** - 일에 대한 보수
- 賃貸**임대** - 요금을 받고 물건을 빌려 줌
- 賃借料**임차료** - 차주가 대주에게 지불하는 임금

圓	圓	滿	滿

- ❖ 둥글 원
- ❖ round 원
- ❖ 라운드 원

- ❖ 찰 만
- ❖ full 만
- ❖ 풀 만

圓滿 ☞ 충분히 가득 참

- 圓形**원형** - 둥근 형상
- 圓卓**원탁** - 둥근 탁자
- 圓柱**원주** - 둥근 기둥
- 滿足**만족** - 마음에 흡족(洽足)함
- 滿員**만원** - 정한 인원이 다 참
- 滿車**만차** - 주차장에 차량이 다 참

原	凤	油	泟

❖ 근본 원
❖ origin 원
❖ 오-러진 원

❖ 기름 유
❖ oil 유
❖ 오일 유

原油 ☞ 정제하지 않은 석유

- 原價원가 - 본값, 생산비
- 原稿원고 - 인쇄에 부치기 위해 쓴 초벌의 글
- 原本원본 - 근본이 되는 서적이나 문서
- 油田유전 - 석유가 나는 지역
- 油類유류 - 기름 종류
- 油紙유지 - 기름을 먹인 종이

衛	衒	兵	

❖ 지킬 위
❖ guard 위
❖ 가어드 위

❖ 군사 병
❖ soldier 병
❖ 소울저 병

衛兵 ☞ 호위하는 군졸

- 衛生위생 - 건강 증진의 도모와 질병 예방에 힘쓰는 일
- 衛星위성 - 혹성의 주위를 운행하는 별
- 衛戍地위수지 - 군대를 주둔시켜 두는 일정한 땅
- 兵役병역 - 군적에 편입되어 군무에 봉사하는 일
- 兵士병사 - 군사
- 兵法병법 - 군사에 대한 모든 법칙

委	委	員	員

❖ 맡길 위
❖ entrust 위
❖ 인트러스트 위

❖ 관원 원
❖ official 원
❖ 어피셜 원

委員 ☞ 특정한 처리를 위임 맡은 사람

- 委任위임 - 맡김
- 委囑위촉 - 맡기어 부탁함
- 委託위탁 - 맡기어 부탁함 의뢰함
- 委曲위곡 - 자세한 사정과 곡절
- 員數원수 - 사람의 수
- 員外원외 - 정원 밖의 수효

胃	胃	腸	腸

❖ 밥통 위
❖ stomach 위
❖ 스터먹 위

❖ 창자 장
❖ bowel 장
❖ 바우얼 장

胃腸 ☞ 위와 장

- 胃壁위벽 - 위의 내면
- 胃虛위허 - 위가 허약함
- 胃酸위산 - 위액에 섞여 소화 작용을 하는 산(酸)
- 腸液장액 - 소장의 벽에서 나오는 액
- 腸壁장벽 - 창자 내부의 벽
- 腸腎장신 - 창자와 신장

僞		造	

- ❖ 거짓 위
- ❖ false 위
- ❖ 포-올스 위

- ❖ 지을 조
- ❖ make 조
- ❖ 메이크 조

僞造 ☞ 진짜와 비슷이 물건을 만듦

- 僞計**위계** - 허위로 꾸민 계획, 거짓된 꾀
- 僞善**위선** - 표면으로만 착한 체함
- 僞證**위증** - 거짓의 증거
- 造林**조림** - 나무를 심어서 숲을 이루게 함
- 造成**조성** - 물건을 만들어서 이루어냄
- 造作**조작** - 지어서 만듦

危		險	陷

- ❖ 위태할 위
- ❖ danger 위
- ❖ 데인저 위

- ❖ 험할 험
- ❖ steep 험
- ❖ 스티-프 험

危險 ☞ 안전하지 못함

- 危急**위급** - 위태하고 급함
- 危機**위기** - 위험한 경우
- 危篤**위독** - 병세가 매우 중하여 생명이 위태로움
- 險難**험난** - 위태로움
- 險談**험담** - 남의 흉을 찾아내어 하는 말
- 險相**험상** - 험한 인상(人相)

類	頛	似	佀

- ❖ 종류 유
- ❖ kind 유
- ❖ 카인드 유

- ❖ 같을 사
- ❖ resemble 사
- ❖ 리젬블 사

類似 ☞ 서로 비슷함

- 類類相從**유유상종** - 같은 종류끼리 서로 사귐
- 類萬不同**유만부동** - 많은 것이 서로 같지 않고 다름
- 類例**유례** - 같거나 비슷한 예증이나 실례
- 似類**사류** - 비슷하게 닮음
- 似虎**사호** - 고양이의 다른 이름
- 似而非**사이비** - 겉으로는 같아 보이나 실제로는 다름

幼	㓜	兒	

- ❖ 어릴 유
- ❖ young 유
- ❖ 영 유

- ❖ 아이 아
- ❖ child 아
- ❖ 차일드 아

幼兒 ☞ 어린 아이

- 幼昧**유매** - 어리고 무지함, 철이 없음
- 幼時**유시** - 나이 어릴 때
- 幼稚**유치** - 나이가 어림
- 兒名**아명** - 어릴 때에 부르는 이름
- 兒童走卒**아동주졸** - 철없는 아이들과 어리석은 사람들
- 兒齒**아치** - 노인의 이가 빠지고 다시 난 이

維	綏	持	扚

* 맬 유
* tie 유
* 타이 유

* 가질 지
* have 지
* 해브 지

維持 ☞ 지탱하여 감

* 維綱유강 - 정치를 뒷받침하는 법도
* 維新유신 - 만사가 개신(改新)됨
* 維斗유두 - 북두칠성의 다른 이름
* 持久力지구력 - 꾸준히 견디어 나가는 힘
* 持參지참 - 물건을 가지고 참석함
* 持論지론 - 늘 가지고 있는 의견

誘	誘	惑	惪

* 꾈 유
* induce 유
* 인듀-스 유

* 미혹할 혹
* bewitch 혹
* 비위치 혹

誘惑 ☞ 남을 꾀어 정신을 어지럽게 함

* 誘導유도 - 달래어 인도함
* 誘引유인 - 꾀어냄
* 誘致유치 - 꾀어서 끌어옴
* 惑世誣民혹세무민 - 사람을 미혹하게 하여 세상을 어지럽힘
* 惑術혹술 - 사람을 미혹시키는 술법
* 惑愛혹애 - 매우 사랑함

陸	陸	軍	軍

- ❖ 뭍 육
- ❖ land 육
- ❖ 랜드 육

- ❖ 군사 군
- ❖ soldier 군
- ❖ 소울저 군

陸軍 ☞ 육전을 임무로 하는 군인

- 陸地육지 - 뭍, 대지(大地), 육상(陸上)
- 陸路육로 - 육상의 길
- 陸松육상 - 소나무
- 軍紀군기 - 군대의 규율
- 軍隊군대 - 일정한 규율 아래 조직된 장병의 집단
- 軍需品군수품 - 군대에서 소용되는 물품

輪	輪	禍	禍

- ❖ 바퀴 윤
- ❖ wheel 윤
- ❖ 위-일 윤

- ❖ 재앙 화
- ❖ calamity 화
- ❖ 캘래머티 화

輪禍 ☞ 차량으로 인한 피해

- 輪番制윤번제 - 차례로 번 들어 맡아 보는 제도
- 輪姦윤간 - 한 사람을 여러 사람이 돌아가면서 강간함
- 輪回윤회 - 영혼은 멸하지 않고 전전하여 돈다는 뜻
- 禍根화근 - 재화의 근원
- 禍福無門화복무문 - 화복은 선악에 따라서 받는다는 말
- 禍厄화액 - 재앙과 곤란

隆	阝융	盛	盆성

* 높을 융
* high 융
* 하이 융

* 성할 성
* prosperous 성
* 프라스퍼러스 성

隆盛 기운차게 높이 일어남

* 隆起융기 - 높이 일어남
* 隆崇융숭 - 높음 산이 높은 모양
* 隆運융운 - 번영해 가는 운명
* 盛年성년 - 원기가 왕성한 젊은 나이
* 盛大성대 - 성하고 큼
* 盛宴성연 - 성대하게 마련된 잔치

銀	金은	銅	金동

* 은 은
* silver 은
* 실버 은

* 구리 동
* copper 동
* 카퍼 동

銀銅 은과 구리

* 銀幕은막 - 영사의 영사막 스크린
* 銀匙箸은시저 - 은으로 만든 숟가락과 젓가락 은수저
* 銀河水은하수 - 은하계를 강에 비유하여 일컫는 말
* 銅像동상 - 구리쇠로 만든 사람의 형상
* 銅線동선 - 구리철사
* 銅錢동전 - 구리로 만든 돈

音	音	律	律

❖ 소리 음
❖ sound 음
❖ 사운드 음

❖ 법 률
❖ law 률
❖ 로- 률

音律 ☞ 음악의 가락

- 音感음감 - 음에 대한 감각
- 音樂음악 - 소리에 의한 예술
- 音聲음성 - 사람의 목소리, 말소리
- 律動율동 - 리듬에 맞추어 추는 춤
- 律調율조 - 음계에 따른 가락
- 律語율어 - 운율을 가진 말

陰	陰	陽	陽

❖ 그늘 음
❖ shade 음
❖ 쉐이드 음

❖ 볕 양
❖ sunny 양
❖ 서니 양

陰陽 ☞ 음과 양

- 陰乾음건 - 그늘진 곳에서 말림
- 陰地음지 - 응달
- 陰德음덕 - 사람들에게 알려지지 않은 덕행(德行)
- 陽氣양기 - 양의 기운
- 陽春佳節양춘가절 - 따뜻한 봄의 절기
- 陽刻양각 - 철형(凸形)으로 새김

吟	口음	詠	言영

- ❖ 읊을 음
- ❖ recite 음
- ❖ 리사이트 음

- ❖ 읊을 영
- ❖ recite 영
- ❖ 리사이트 영

吟詠 ☞ 시부(詩賦)를 읊음

- 吟味음미 - 시나 노래를 읊어 그 뜻을 살핌
- 吟詩음시 - 시를 읊음
- 吟風弄月음풍농월 - 시를 짓고 흥취를 자아내어 놂
- 詠歌영가 - 시가를 읊음
- 詠懷영회 - 회포를 시가로 읊음
- 詠物영물 - 물건을 제재로 하여 시가를 지음

飮	食음	酒	氵주

- ❖ 마실 음
- ❖ drink 음
- ❖ 드링크 음

- ❖ 술 주
- ❖ wine 주
- ❖ 와인 주

飮酒 ☞ 술을 마심

- 飮料음료 - 술, 차, 물 등과 같은 마시는 물건
- 飮食음식 - 먹고 마심
- 飮福음복 - 제사 지낸 뒤 술이나 제물을 먹는 것
- 酒氣주기 - 술을 마셔 취한 기운
- 酒量주량 - 술을 마시는 분량
- 酒香주향 - 술의 향기

應	庍	援	揌

- ❖ 응할 응
- ❖ reply 응
- ❖ 리플라이 응

- ❖ 당길 원
- ❖ pull 원
- ❖ 풀 원

應援 ☞ 곁들어 도와 줌

- 應感응감 - 마음이 사물에 응하여 움직임
- 應分응분 - 제 신분에 맞음
- 應試응시 - 시험에 응함
- 援兵원병 - 구원하는 군대
- 援助원조 - 도움
- 援護원호 - 도와주고 보호함

意	竟	見	冐

- ❖ 뜻 의
- ❖ intention 의
- ❖ 인텐션 의

- ❖ 볼 견
- ❖ look 견
- ❖ 룩 견

意見 ☞ 마음에 느낀 생각

- 意氣揚揚의기양양 - 뜻대로 되어 기상이 펄펄함
- 意思의사 - 마음먹은 생각
- 意味의미 - 글이나 말의 가지고 있는 뜻
- 見聞견문 - 보고 들음
- 見本견본 - 본보기
- 見學견학 - 실지로 보고 배움

衣		裳	

- ❖ 옷 의
- ❖ clothes 의
- ❖ 클로우드즈 의

- ❖ 치마 상
- ❖ skirt 상
- ❖ 스커-트 상

衣裳 ☞ 저고리와 치마

- 衣服**의복** - 옷
- 衣冠**의관** - 옷과 갓
- 衣食住**의식주** - 입는 옷과 먹는 양식과 사는 집
- 裳裳**상상** - 화려한 모양
- 裳繡**상수** - 치마에 수를 놓음
- 裳衣**상의** - 치마와 저고리 옷

履		歷	

- ❖ 신 이
- ❖ shoe 이
- ❖ 슈- 이

- ❖ 지낼 력
- ❖ pass 력
- ❖ 패스 력

履歷 ☞ 지금까지 거쳐 온 내력

- 履歷書**이력서** - 이력을 적은 서면
- 履修**이수** - 차례를 밟아 학과를 마침
- 履行**이행** - 실제로 몸소 행함
- 歷歷**역력** - 분명함
- 歷史**역사** - 인류 사회의 변천과 흥망의 과정
- 歷任**역임** - 직위를 차례로 지냄

耳	叿	目	罔

❖ 귀 이
❖ ear 이
❖ 이어 이

❖ 눈 목
❖ eye 목
❖ 아이 목

耳目 ☞ 귀와 눈

- 耳輪**이륜** - 귓바퀴
- 耳順**이순** - 60세
- 耳環**이환** - 귀고리
- 目擊**목격** - 그 자리에서 실제로 봄
- 目禮**목례** - 눈짓으로 인사함
- 目標**목표** - 목적하여 지향하는 표

移		轉	

❖ 옮길 이
❖ remove 이
❖ 리무-브 이

❖ 구를 전
❖ turn 전
❖ 터-언 전

移轉 ☞ 옮겨 바꿈

- 移民**이민** - 자기 나라를 떠나 외국에 이주하는 것
- 移徙**이사** - 집을 옮김
- 移職**이직** - 직업을 옮김
- 轉勤**전근** - 근무처가 바뀜
- 轉補**전보** - 전임하여 다른 자리에 보직 되는 것
- 轉賣**전매** - 샀던 물건을 도로 팖

李		朝	

❖ 오얏 이
❖ plum 이
❖ 플럼 이

❖ 아침 조
❖ morning 조
❖ 모어닝 조

李朝 ☞ 이씨 조선

- 李桃**이도** - 앵두의 별명(別名)
- 李花**이화** - 오얏꽃
- 李父**이부** - 호랑이의 다른 이름
- 朝飯**조반** - 아침밥
- 朝夕**조석** - 아침과 저녁
- 朝廷**조정** - 나라의 정치를 의논하고 집행하는 곳

忍		耐	

❖ 참을 인
❖ patient 인
❖ 페이션트 인

❖ 견딜 내
❖ bear 내
❖ 베어 내

忍耐 ☞ 참고 견딤

- 忍苦**인고** - 고통을 참음
- 忍辱**인욕** - 욕 되는 일을 견디어 참음
- 忍人**인인** - 잔인한 사람
- 耐久力**내구력** - 오랫동안 견디는 힘
- 耐熱**내열** - 열에 잘 견딤
- 耐乏生活**내핍생활** - 부족함을 견디면서 하는 생활

人	仁	倫	倫

* 사람 인
* man 인
* 맨 인

* 인륜 륜
* moral 륜
* 모-럴 륜

人倫 ☞ 사람으로서의 떳떳한 도리

* 人間味**인간미** - 사람다운 맛
* 人件費**인건비** - 사람을 쓰는데 드는 비용
* 人格**인격** - 사람의 됨됨이
* 倫理**윤리** - 인륜 도덕의 원리
* 倫匹**윤필** - 나이나 신분이 같거나 비슷한 사이의 사람
* 倫擬**윤의** - 비슷함 유사함

印	印	刷	刷

* 도장 인
* sign 인
* 사인 인

* 쓸 쇄
* print 쇄
* 프린트 쇄

印刷 ☞ 글이나 그림 등을 박아 냄

* 印鑑**인감** - 동사무소나 거래처 등에 신고하여 둔 도장
* 印象**인상** - 깊이 느껴 잊혀 지지 않는 일
* 印封**인봉** - 봉한 물건에 인장을 찍어 함부로 못 떼게 함
* 刷新**쇄신** - 묵은 것을 없애고 새롭게 함
* 刷行**쇄행** - 인쇄하여 발행함
* 刷子**쇄자** - 모자나 옷을 터는 솔

日	일	月	월

❖ 해 일
❖ sun 일
❖ 선 일

❖ 달 월
❖ moon 월
❖ 무-운 월

日月 ☞ 해와 달

- 日間일간 - 가까운 날 사이
- 日常生活일상생활 - 날마다의 생활
- 日記일기 - 그날 있었던 일이나 느낀 일들을 적은 기록
- 月給월급 - 다달이 받는 급료
- 月光월광 - 달빛
- 月例會월례회 - 달마다 정하여 놓고 모이는 모임

逸	逸	脫	脫

❖ 잃을 일
❖ lose 일
❖ 루-즈 일

❖ 벗을 탈
❖ take off 탈
❖ 테이크 오프 탈

逸脫 ☞ 빗나가고 벗어남

- 逸品일품 - 아주 뛰어난 물건
- 逸話일화 - 세상에 알려지지 않은 이야기
- 逸文일문 - 세상에 알려지지 않은 글
- 脫落탈락 - 빠져 버림
- 脫出탈출 - 빠져 나감
- 脫帽탈모 - 모자를 벗음

臨	臣임	席	庐

- ❖ 임할 임
- ❖ come 임
- ❖ 컴 임

- ❖ 자리 석
- ❖ seat 석
- ❖ 시-트 석

臨席 ☞ 자리에 임함

- 臨檢**임검** - 현장에 가서 조사함
- 臨時**임시** - 정하여진 때가 아니고 필요에 따른 일시(一時)
- 臨戰**임전** - 전쟁에 나아감
- 席卷**석권** - 너른 땅이나 일을 쳐서 빼앗음
- 席子**석자** - 돗자리
- 席上**석상** - 어떤 모임의 자리

姙	女임	娠	女신

- ❖ 아이 밸 임
- ❖ conception 임
- ❖ 컨셉션 임

- ❖ 아이 밸 신
- ❖ conception 신
- ❖ 컨셉션 신

姙娠 ☞ 아이를 뱀 · 회임(懷妊)

- 姙婦**임부** - 임신한 부인
- 姙産**임산** - 아이를 배고 낳는 일
- 姙似之德**임사지덕** - 후비(后妃)의 어질고 현명한 덕
- 姙産婦**임산부** - 임신부와 해산부
- 姙娠反應**임신반응** - 임신 여부 검사 목적의 반응
- 姙娠脚氣**임신각기** - 임부에게 일어나는 각기

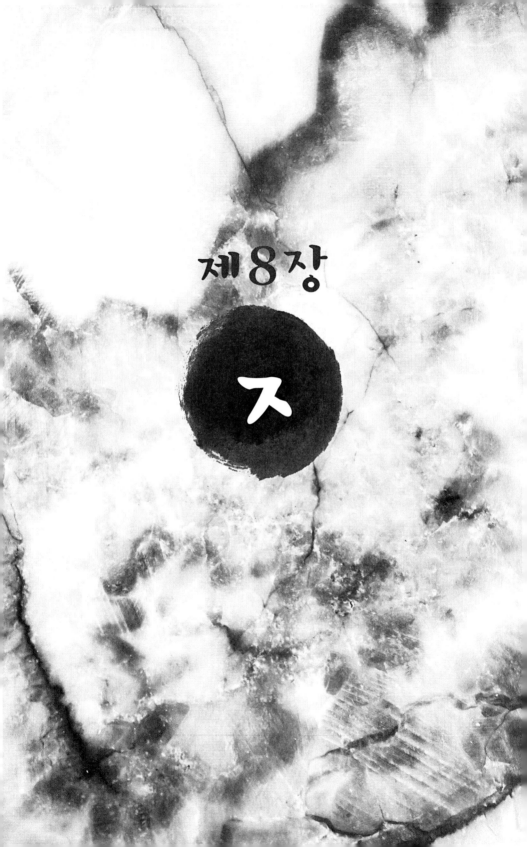

제8장

ス

姉	女자	妹	女매

- ❖ 손윗누이 **자**
- ❖ elder sister **자**
- ❖ 엘더 시스터 **자**

- ❖ 누이 **매**
- ❖ younger sister **매**
- ❖ 영거 시스터 **매**

姉妹 ☞ 여자끼리의 언니와 아우

- 姉兄**자형** - 손위의 매부
- 姉姉**자자** - 손위 누이
- 姉氏**자씨** - 남의 손위 누이의 경칭
- 妹家**매가** - 시집간 누이의 집
- 妹夫**매부** - 누이의 남편
- 妹弟**매제** - 손아래 누이의 남편

慈	즌	悲	빈

- ❖ 사랑 **자**
- ❖ mercy **자**
- ❖ 머-시 **자**

- ❖ 슬플 **비**
- ❖ sad **비**
- ❖ 새드 **비**

慈悲☞ 사랑하고 가엾게 여김

- 慈善**자선** - 불쌍한 사람을 도와 줌
- 慈親**자친** - 남에게 자기의 어머니를 일컫는 말
- 慈堂**자당** - 남의 어머니의 존칭
- 悲觀**비관** - 사물을 슬프게만 봄
- 悲痛**비통** - 몹시 슬퍼서 마음이 아픔
- 悲慘**비참** - 슬프고도 끔찍함

姿	孨	勢	솅

- ❖ 모양 자
- ❖ figure 자
- ❖ 피겨 자

- ❖ 기세 세
- ❖ authority 세
- ❖ 어사-러티 세

姿勢 ☞ 몸을 가진 모양과 그 태도

- 姿態자태 - 모습과 태도
- 姿體자체 - 몸가짐
- 姿色자색 - 여자의 예쁜 얼굴
- 勢力세력 - 권세의 힘
- 勢道세도 - 정치상의 권세를 장악함
- 勢交세교 - 권리나 이익을 얻기 위하여 하는 교제

子	孖	孫	孫

- ❖ 아들 자
- ❖ son 자
- ❖ 선 자

- ❖ 손자 손
- ❖ grandson 손
- ❖ 그랜드선 손

子孫 ☞ 아들과 손자

- 子女자녀 - 아들과 딸
- 子細자세 - 주의가 세밀함
- 子息자식 - 아들과 딸의 총칭
- 孫子손자 - 아들의 아들
- 孫女손녀 - 아들의 딸
- 孫世손세 - 자손의 늘어가는 정도

雌		雄	

- ❖ 암컷 자
- ❖ female 자
- ❖ 피-메일 자

- ❖ 수컷 웅
- ❖ male 웅
- ❖ 메일 웅

雌雄 ☞ 암컷과 수컷 · 우열의 비유

- 雌性**자성** - 암컷의 성질
- 雌伏**자복** - 다른 사람에 굴복하여 좇음
- 雌雄目**자웅목** - 양쪽 눈의 크기가 다른 사람
- 雄大**웅대** - 굉장히 큼
- 雄壯**웅장** - 용감하고 씩씩한 모양
- 雄辯**웅변** - 조리가 있고 거침없이 잘 하는 말

資		源	

- ❖ 재물 자
- ❖ wealth 자
- ❖ 웰스 자

- ❖ 근원 원
- ❖ source 원
- ❖ 소어스 원

資源 ☞ 생산에 이용되는 것

- 資格**자격** - 신분과 지위
- 資金**자금** - 자본금, 밑천
- 資本**자본** - 영업의 기본이 되는 돈이나 물자
- 源流**원류** - 물이 흐르는 원천
- 源泉**원천** - 물이 솟아나오는 근원
- 源究**원구** - 근원을 찾아 캐어냄

自		由	

❖ 스스로 자
❖ self 자
❖ 셀프 자

❖ 말미암을 유
❖ cause 유
❖ 코-즈 유

自由 ☞ 제 마음대로 행동함

- 自家**자가** - 자기 집
- 自激之心**자격지심** - 스스로 미흡하게 여기는 마음
- 自信**자신** - 무슨 일을 해 내겠다고 스스로 믿음
- 由來**유래** - 사물의 연유하여 온바 내력
- 由緒**유서** - 사물이 유래한 단서
- 由蘖**유얼** - 벤 나무에서 난 움, 싹틈

潛	潜	水	수

❖ 잠길 잠
❖ dive 잠
❖ 다이브 잠

❖ 물 수
❖ water 수
❖ 워-터 수

潛水 ☞ 물속에 잠김

- 潛伏**잠복** - 몰래 숨어 있음
- 潛望鏡**잠망경** - 잠수함 등에서 쓰는 반사식 망원경
- 潛在**잠재** - 속에 숨어 겉으로 들어 나지 않음
- 水球**수구** - 수상경기의 한 가지
- 水路**수로** - 물이 흐르는 길
- 水邊**수변** - 물가

雜	잡佳	誌	言지

❖ 섞일 잡
❖ mix 잡
❖ 믹스 잡

❖ 기록 지
❖ record 지
❖ 리코어드 지

雜誌 ☞ 정기적으로 간행하는 출판물

- 雜件잡건 - 여러 가지 대수롭지 아니한 일
- 雜記잡기 - 여러 가지 모양의 일을 기록함
- 雜談잡담 - 이것저것 생각나는 대로 지껄이는 말
- 誌面지면 - 잡지의 지면(紙面)
- 誌友지우 - 잡지의 애독자
- 誌上지상 - 잡지 등의 기사

帳	巾장	簿	竿부

❖ 휘장 장
❖ curtain 장
❖ 커-튼 장

❖ 장부 부
❖ register 부
❖ 레지스터 부

帳簿 ☞ 금품의 수지를 기록하는 책

- 帳幕장막 - 둘러치는 막
- 帳記장기 - 물건 등의 매매에 관한 물목을 적은 글바
- 帳設장설 - 연회 자리에 내어 가는 음식
- 簿記부기 - 장부에 기록함
- 簿籍부적 - 관청의 장부와 문서
- 簿正부정 - 장부에 오른 수효대로 갖춤

將	쎵장	帥	𦣞수

❖ 장수 장
❖ general 장
❖ 제너럴 장

❖ 장수 수
❖ general 수
❖ 제너럴 수

將帥 ☞ 군사를 거느리는 우두머리

- 將校**장교** - 육·해·공군의 소위 이상의 무관(武官)
- 將來**장래** - 앞날
- 將次**장차** - 차차 앞으로
- 統帥權**통수권** - 한 나라의 병력을 지휘 통설하는 권력
- 帥先**솔선** - 여러 사람에 앞섬 솔선(率先)
- 元帥**원수** - 군인 중에서 가장 높은 계급 대장의 위

壯	장士	元	훤

❖ 장할 장
❖ brave 장
❖ 브레이브 장

❖ 으뜸 원
❖ top 원
❖ 탑 원

壯元 ☞ 과거시험에서 첫째로 급제한 사람

- 壯觀**장관** - 웅장한 경치
- 壯年**장년** - 기운이 한창인 3, 40세 안팎 될 때
- 壯烈**장렬** - 씩씩하고 열렬함
- 元金**원금** - 본전(本錢)
- 元祖**원조** - 어떤 일을 처음 시작한 사람
- 元旦**원단** - 설날 아침 원일(元日)

低	亻저	俗	亻仒

- ❖ 낮을 저
- ❖ low 저
- ❖ 로우 저

- ❖ 풍속 속
- ❖ way 속
- ❖ 웨이 속

低俗 ☞ 품격이 낮고 속됨

- 低價저가 - 낮은 값
- 低空저공 - 고도가 낮음
- 低廉저렴 - 값이 쌈
- 俗談속담 - 옛적부터 내려오는 민간의 격언
- 俗世속세 - 속인의 세상
- 俗稱속칭 - 통속적인 일컬음

貯	貝저	藏	창

- ❖ 쌓을 저
- ❖ pile 저
- ❖ 파일 저

- ❖ 감출 장
- ❖ hide 장
- ❖ 하이드 장

貯藏 ☞ 물건을 모아 간수함

- 貯金저금 - 돈을 모음
- 貯蓄저축 - 절약하여 모아 둠
- 貯水池저수지 - 물을 모아 두는 못
- 藏經장경 - 불교 경전의 총칭
- 藏書장서 - 책을 간직하여 둠
- 藏蹤秘迹장종비적 - 종적을 아주 감춤

抵	扒	觸	觕

❖ 거스를 저
❖ resist 저
❖ 리지스트 저

❖ 닿을 촉
❖ touch 촉
❖ 터치 촉

抵觸 ☞ 서로 부딪침

- 抵當**저당** - 채무의 담보로서 부동산 등을 전당잡힘
- 抵抗**저항** - 대항함
- 抵達**저달** - 다다라서 이름
- 觸覺**촉각** - 피부에 닿아 일어나는 감각
- 觸感**촉감** - 닿아서 느낌
- 觸手**촉수** - 물건에 손을 댐

敵	敌	境	埻

❖ 원수 적
❖ enemy 적
❖ 에니미 적

❖ 지경 경
❖ boundary 경
❖ 바운더리 경

敵境 ☞ 적국의 지경

- 敵軍**적군** - 적의 군대
- 敵國**적국** - 자기 나라에 적대하는 나라
- 敵機**적기** - 적국의 비행기
- 境界**경계** - 사물의 구별이 되는 데가 서로 맞닿은 자리
- 境地**경지** - 한 곳의 풍치
- 境遇**경우** - 처지

赤	척	旗	

❖ 붉을 적
❖ red 적
❖ 레드 적

❖ 기 기
❖ flag 기
❖ 플래그 기

赤旗 ☞ 붉은 기·위험 신호의 기

- 赤褐色**적갈색** - 붉은 빛을 띤 갈색 고동색
- 赤裸裸**적나라** - 아무 숨김없이 본디 모습 그대로 드러냄
- 赤貧**적빈** - 아주 가난하여 아무것도 없는 것
- 旗手**기수** - 기를 가지고 신호를 일삼는 사람
- 旗幟**기치** - 군중(軍中)에서 쓰는 온갖 기
- 太極旗**태극기** - 우리나라의 국기

田	囝	畓	畓

❖ 밭 전
❖ dry field 전
❖ 드라이 피-일드 전

❖ 논 답
❖ rice field 답
❖ 라이스 피-일드 답

田畓 ☞ 밭과 논

- 田穀**전곡** - 밭에서 나는 곡식
- 田園**전원** - 논밭과 동산
- 田蠶**전잠** - 밭농사와 누에치는 일
- 畓主**답주** - 논주인
- 畓穀**답곡** - 논에서 나는 곡식
- 畓農**답농** - 논농사

展	屈	覽	覧

❖ 펼 전	❖ 볼 람
❖ open 전	❖ look 람
❖ 오우펀 전	❖ 룩 람

展覽 ☞ 여럿을 벌이어 놓고 보임

- 展開전개 - 펴서 벌임
- 展示전시 - 여러 가지 물건을 벌려 놓고 보임
- 展望전망 - 멀리 바라봄
- 覽觀남관 - 구경함, 관람(觀覽)
- 覽古남고 - 고적을 찾아 그 당시의 모습을 생각함
- 覽勝남승 - 좋은 경치를 구경함

專		門	

❖ 오로지 전	❖ 문 문
❖ exclusively 전	❖ gate 문
❖ 익스클루-시블리 전	❖ 게이트 문

專門 ☞ 한 가지 일을 오로지함

- 專攻전공 - 한 가지를 전문적으로 연구함
- 專擔전담 - 혼자서 담당함
- 專念전념 - 오로지 한 가지 일에만 마음을 씀
- 門閥문벌 - 가문(家門)
- 門下生문하생 - 제자(弟子)
- 門牌문패 - 가장의 이름을 적어 문에 걸어 두는 문찰

電		線	

❖ 번개 전
❖ lightning 전
❖ 라이트닝 전

❖ 줄 선
❖ line 선
❖ 라인 선

電線 ☞ 전기가 통하는 금속선

- 電車전차 - 전력의 힘으로 궤도 위를 달리는 차
- 電燈전등 - 전기의 힘으로 켠 등불
- 電送전송 - 전기 작용에 의해서 먼 곳에 보냄
- 線路선로 - 기차 전차의 궤도
- 線番선번 - 선번호, 선로를 표시하려고 쓰는 번호
- 線審선심 - 경기장의 선에 관한 위반을 보는 심판

傳		染	

❖ 전할 전
❖ transmit 전
❖ 트랜즈미트 전

❖ 물들일 염
❖ dye 염
❖ 다이 염

傳染 ☞ 병원체가 남에게 옮김

- 傳喝전갈 - 사람을 시켜서 말을 전하는 일
- 傳記전기 - 사람의 일대의 사적(事跡)을 기록한 것
- 傳統전통 - 이어 받은 계통
- 染色염색 - 물을 들임
- 染料염료 - 염색의 원료, 물감
- 染織염직 - 피류에 물을 들임

戰	전	績	젹

- ❖ 싸움 전
- ❖ fight 전
- ❖ 파이트 전

- ❖ 길쌈 적
- ❖ spin 적
- ❖ 스핀 적

戰績 ☞ 대전하여 얻은 실적

- 戰車**전차** - 전쟁에 사용하는 장갑차, 탱크
- 戰爭**전쟁** - 병력에 의한 국가 상호간의 교전
- 戰勝**전승** - 전쟁에 이김
- 績女**적녀** - 실을 잣는 여자
- 績文**적문** - 실을 잣듯이 문장을 만듦
- 績紡**적방** - 실을 자아 길쌈함

前	젼	後	후

- ❖ 앞 전
- ❖ front 전
- ❖ 프런트 전

- ❖ 뒤 후
- ❖ after 후
- ❖ 애프터 후

前後 ☞ 앞과 뒤

- 前途有望**전도유망** - 앞으로 잘 되어 나갈 희망이 있음
- 前略**전략** - 문장의 시초의 일부분을 줄임
- 前半**전반** - 앞의 절반
- 後繼者**후계자** - 뒤를 잇는 사람
- 後天的**후천적** - 생후(生後)에 얻어진 상태
- 後悔**후회** - 전의 잘못을 깨닫고 뉘우침

絶	絕	壁	壁

❖ 끊을 절
❖ cut 절
❖ 커트 절

❖ 벽 벽
❖ wall 벽
❖ 워-올 벽

絶壁 ☞ 썩 험한 낭떠러지

- 絶境**절경** - 더할 나위 없이 훌륭한 경치
- 絶對多數**절대다수** - 압도적으로 많은 수
- 絶妙**절묘** - 매우 뛰어남
- 壁煖爐**벽난로** - 벽에다 설치한 난방장치의 한 가지
- 壁紙**벽지** - 벽을 도배하는 종이
- 壁畵**벽화** - 벽에 그린 그림

定	定	期	期

❖ 정할 정
❖ settle 정
❖ 세틀 정

❖ 기약 기
❖ expect 기
❖ 익스펙트 기

定期 ☞ 정한 기간 또는 기한

- 定價**정가** - 일정한 가격
- 定量**정량** - 일정한 분량
- 定員**정원** - 정해진 인원수
- 期限**기한** - 미리 정한 시기
- 期待**기대** - 믿고 기다림
- 期日**기일** - 정한 날

- ❖ 정사 정
- ❖ government 정
- ❖ 거번먼트 정

- ❖ 무리 당
- ❖ party 당
- ❖ 파어티 당

政黨 ☞ 정치 참여를 목적으로 하는 단체

- 政見**정견** - 정치상의 의견
- 政界**정계** - 정치 활동에 관계되는 사회
- 政治**정치** - 국가의 주권자가 그 영토 및 국민을 통치함
- 黨論**당론** - 붕당(朋黨)에서 논의된 의논
- 黨員**당원** - 그 당에 속한 사람
- 黨派**당파** - 붕당의 나누어진 갈래

- ❖ 단위 정
- ❖ form 정
- ❖ 포엄 정

- ❖ 법도 도(헤아릴 탁)
- ❖ law 도
- ❖ 로- 도

程度 ☞ 얼마의 분량

- 程里**정리** - 길의 거리
- 程門立雪**정문입설** - 제자가 스승을 존경함을 일컫는 말
- 程子冠**정자관** - 말총으로 짜거나 떠서 만든 관의 하나
- 度量**도량** - 마음이 너그러워 사물을 잘 포용하는 품성
- 度數**도수** - 온도, 광도 등의 크기를 나타내는 수
- 度外視**도외시** - 문제로 삼지 않고 보아 넘김

征	徖	伐	伐

- ❖ 칠 정
- ❖ attack 정
- ❖ 어택 정

- ❖ 칠 벌
- ❖ attack 벌
- ❖ 어택 벌

征伐 ☞ 죄 있는 무리를 군대로 침

- 征服**정복** - 정벌하여 복종시킴
- 征覇**정패** - 정벌하여 패권을 잡음
- 征帆**정범** - 항해하는 배
- 伐木**벌목** - 나무를 벰
- 伐草**벌초** - 묘소의 잡초를 베는 일
- 伐採**벌채** - 나무를 베어 냄

貞	貞	淑	淑

- ❖ 곧을 정
- ❖ chaste 정
- ❖ 체이스트 정

- ❖ 맑을 숙
- ❖ pure 숙
- ❖ 퓨어 숙

貞淑 ☞ 여자의 행실이 곧고 마음씨가 맑음

- 貞潔**정결** - 여자의 정조가 곧고 깨끗함
- 貞順**정순** - 마음이 곧고 온순함
- 貞節**정절** - 굳은 마음과 변하지 않는 절개
- 淑女**숙녀** - 선량하고 부덕(婦德)이 있는 여자
- 淑景**숙경** - 아늑하고 아름다운 경치
- 淑範**숙범** - 부인의 올바른 모범

精		神	

❖ 정미로울 정
❖ fine 정
❖ 파인 정

❖ 귀신 신
❖ god 신
❖ 갓 신

精神 ☞ 마음이나 생각

- 精巧**정교** - 세밀하고 교묘함
- 精氣**정기** - 만물이 생성하는 원기
- 精力**정력** - 심신의 활동력
- 神經**신경** - 사물을 감각하거나 생각하는 힘
- 神秘**신비** - 보통의 이론과 인식을 초월한 일
- 神明**신명** - 하늘과 땅의 신령 사람의 마음

庭		園	園

❖ 뜰 정
❖ yard 정
❖ 야어드 정

❖ 동산 원
❖ garden 원
❖ 가어든 원

庭園 ☞ 집안의 뜰

- 庭闈**정위** - 부모가 계시는 방
- 庭球**정구** - 테니스 연식 정구의 일컬음
- 庭誥**정고** - 가정의 교훈(教訓), 가교(家敎)
- 園頭幕**원두막** - 과일밭을 지키기 위하여 만든 막
- 園兒**원아** - 유치원에 다니는 아이
- 園藝**원예** - 채소, 화초, 과목 등을 심어 가꾸는 일

停	停	止	止

❖ 머무를 정
❖ stay 정
❖ 스테이 정

❖ 그칠 지
❖ stop 지
❖ 스탑 지

停止 ☞ 중도에서 머무르거나 그침

- 停年**정년** - 연령제한에 따라 공직에서 물러나게 되는 나이
- 停留場**정류장** - 자동차 등이 머물러 사람이 승하차 하는 곳
- 停電**정전** - 송전이 한 때 중지 됨
- 止血**지혈** - 피가 나오다 그침
- 止痛**지통** - 아픔이 그침
- 止於止處**지어지처** - 정처 없이 이르는 곳에서 머물러 잠

正	正	直	直

❖ 바를 정
❖ right 정
❖ 라이트 정

❖ 곧을 직
❖ straight 직
❖ 스트레이트 직

正直 ☞ 거짓 없이 마음이 바르고 곧음

- 正道**정도** - 올바른 길, 정당한 도리
- 正門**정문** - 정면에 있는 문
- 正統**정통** - 바른 계통, 정당한 혈통
- 直角**직각** - 90도의 각도
- 直接**직접** - 중간에 매개나 간격이 없이 바로 접함
- 直通**직통** - 두 지점 간에 장애가 없이 바로 통함

堤	土제	防	阝방

❖ 둑 제
❖ dike 제
❖ 다이크 제

❖ 막을 방
❖ protect 방
❖ 프러텍트 방

堤防 ☞ 수해 예방을 위해 쌓은 둑

- 堤封**제봉** - 대범(大凡)
- 堤塘**제당** - 제방
- 堤堰**제언** - 댐(dam)
- 防共**방공** - 공산주의가 들어오지 못하도록 막음
- 防犯**방범** - 범죄가 일어나지 않게 막음
- 防禦**방어** - 침입을 막아냄

早	뤼	起	起기

❖ 일찍 조
❖ early 조
❖ 얼-리 조

❖ 일어날 기
❖ rise 기
❖ 라이즈 기

早起 ☞ 아침에 일찍 일어남

- 早失父母**조실부모** - 어려서 부모를 여읨
- 早朝**조조** - 이른 아침
- 早晚間**조만간** - 멀지 않아
- 起立**기립** - 앉은 자리에서 일어섬
- 起伏**기복** - 높아졌다 낮아졌다 함
- 起床**기상** - 잠자리에서 일어남

調	誯	査	

- ❖ 고를 조
- ❖ harmony 조
- ❖ 하어머니 조

- ❖ 사실할 사
- ❖ seek 사
- ❖ 시-크 사

調査 ☞ 사물의 내용을 자세히 살펴봄

- 調味料**조미료** - 음식의 맛을 맞추는데 쓰이는 재료
- 調節**조절** - 사물을 정도에 맞추어 알맞게 고르게 함
- 調印**조인** - 조약의 공문서에 도장을 찍음
- 査頓**사돈** - 사위와 며느리의 부모가 서로 부르는 말
- 査察**사찰** - 조사하여 살핌
- 査閱**사열** - 장병을 정렬시켜놓고 검열하는 일

祖		上	상

- ❖ 할아비 조
- ❖ grandfather 조
- ❖ 그랜드파-더 조

- ❖ 위 상
- ❖ above 상
- ❖ 어버브 상

祖上 ☞ 돌아간 어버이 위의 대대의 어른

- 祖父母**조부모** - 할아버지와 할머니
- 祖國**조국** - 자기의 조상 적부터 살던 나라
- 祖孫**조손** - 할아버지와 손자
- 上客**상객** - 지위가 높은 손님
- 上記**상기** - 위쪽에 기록된 것
- 上流**상류** - 강물의 근원에 가까운 곳

操	扲	縱	

* 잡을 조
* grasp 조
* 그래숩 조

* 늘어질 종
* vertical 종
* 버-티컬 종

操縱 ☞ 늦췄다 당겼다 하며 움직여 부림

* 操心**조심** - 삼가 마음을 써서 그릇됨이 없도록 함
* 操身**조신** - 행동을 삼감
* 操筆**조필** - 글씨를 쓰기 위하여 붓을 손에 잡음
* 縱隊**종대** - 세로 줄을 지어 늘어선 대형
* 縱書**종서** - 글자를 위에서부터 아래로 내리 씀
* 縱橫無盡**종횡무진** - 자유자재하여 제한이 없는 상태

照		準	

* 비칠 조
* illuminate 조
* 일류-미네이트 조

* 법 준
* rule 준
* 룰- 준

照準 ☞ 총포의 방향을 겨냥하는 일

* 照明**조명** - 밝게 비춤
* 照覽**조람** - 비추어 밝게 봄
* 照里之戲**조리지희** - 줄다리기
* 準據**준거** - 표준을 삼아서 의거함
* 準備**준비** - 미리 필요한 것을 마련하여 갖춤
* 準則**준칙** - 표준을 삼아서 따라야 할 규칙

存		在	

* 있을 존
* exist 존
* 이그지스트 존

* 있을 재
* exist 재
* 이그지스트 재

存在 ☞ 현실에 있음

* 存續**존속** - 그대로 계속함
* 存廢**존폐** - 존속과 폐지
* 存否**존부** - 있는지 없는지 라는 뜻
* 在京**재경** - 서울에 머물러 있음
* 在學**재학** - 학교에 적을 두고 공부함
* 在來**재래** - 그 전부터 있어옴

尊		稱	

* 높을 존
* august 존
* 오-거스트 존

* 일컬을 칭
* call 칭
* 코-올 칭

尊稱 ☞ 공경하여 높이 부르는 칭호

* 尊敬**존경** - 받들어 공경함
* 尊貴**존귀** - 지위가 높고 귀함
* 尊屬**존속** - 자기 부모와 그 계열 이상의 혈족
* 稱頌**칭송** - 공덕을 칭찬하여 기림
* 稱號**칭호** - 어떠한 뜻으로 일컫는 칭호
* 稱病**칭병** - 병을 핑계 삼음

拙		劣	

❖ 졸할 졸
❖ stupid 졸
❖ 스튜-피드 졸

❖ 못난 렬
❖ inferior 렬
❖ 인피어리어 렬

拙劣 ☞ 용렬하고 잔졸함

- 拙品**졸품** - 졸렬한 작품이나 물품
- 拙作**졸작** - 자기 작품의 겸칭
- 拙丈夫**졸장부** - 기국(器局)이 좁고 용렬한 남자
- 劣勢**열세** - 세력이나 힘이 줄어듦
- 劣等感**열등감** - 자신을 낮추어 경멸하는 감정
- 劣種**열종** - 나쁜 품종

卒		業	

❖ 마칠 졸
❖ finish 졸
❖ 피니쉬 졸

❖ 업 업
❖ business 업
❖ 비즈니스 업

卒業 ☞ 규정된 학과 과정을 마침

- 卒倒**졸도** - 갑자기 정신을 잃고 스러짐
- 卒然**졸연** - 별안간, 갑자기
- 卒讀**졸독** - 읽기를 끝냄
- 業界**업계** - 같은 업종에 종사하는 사람들의 세계
- 業績**업적** - 일의 성과
- 業務**업무** - 직업으로 하는 일

宗		徒	

❖ 근본 종
❖ root 종
❖ 루-트 종

❖ 무리 도
❖ group 도
❖ 그룹 도

宗徒 ☞ 신도, 사도

- 宗教종교 - 초인간적인 힘에 대해 존숭, 신앙하는 일의 체계
- 宗孫종손 - 종가의 맏손자
- 宗氏종씨 - 동성으로서 계촌하지 않는 겨레에 대한 호칭
- 徒黨도당 - 떼를 지은 무리
- 徒勞도로 - 헛되이 수고함
- 徒步도보 - 걸어감

終		了	료

❖ 끝날 종
❖ end 종
❖ 엔드 종

❖ 마칠 료
❖ complete 료
❖ 컴플리-트 료

終了 ☞ 일을 끝마침

- 終講종강 - 강의를 끝마침
- 終末종말 - 나중의 끝
- 終點종점 - 기차, 전차, 버스 등의 마지막 도착점
- 了勘요감 - 끝을 막음
- 了得요득 - 깨달음
- 了債요채 - 빚을 모두 갚음

左	右	右	右

❖ 왼 좌
❖ left 좌
❖ 레프트 좌

❖ 오른쪽 우
❖ right 우
❖ 라이트 우

左右 ☞ 왼쪽과 오른쪽

- 左右間**좌우간** - 이렇든 저렇든 간에
- 左之右之**좌지우지** - 제 마음대로 다룸
- 左足**좌족** - 서파(庶派)의 족속
- 右翼手**우익수** - 야구에서 외야의 오른편을 수비하는 선수
- 右派**우파** - 온건주의적 색채를 띤 파
- 右姓**우성** - 세력 있고 훌륭한 가문

罪	罪	囚	囚

❖ 허물 죄
❖ sin 죄
❖ 신 죄

❖ 가둘 수
❖ shut 수
❖ 셧 수

罪囚 ☞ 옥에 갇힌 죄인

- 罪惡**죄악** - 나쁜 행위
- 罪狀**죄상** - 범한 죄의 상황
- 罪責**죄책** - 범죄 상의 책임
- 囚禁**수금** - 죄인을 가두어 둠
- 囚役**수역** - 죄수에게 일을 시킴
- 囚俘**수부** - 사로잡힘

主	主	動	動

❖ 주인 주
❖ master 주
❖ 매스터 주

❖ 움직일 동
❖ move 동
❖ 무-브 동

主動 ☞ 주장이 되어 하는 행동

- 主管**주관** - 일을 맡아서 주장하여 관리함
- 主觀**주관** - 대상을 지각, 사고, 감동하는 자아
- 主禮**주례** - 예식을 맡아 주장하는 사람
- 動機**동기** - 의사를 결정하는 원인
- 動亂**동란** - 난리가 일어남
- 動靜**동정** - 행동의 상황

注	沪	視	視

❖ 물댈 주
❖ pour 주
❖ 포어 주

❖ 볼 시
❖ look 시
❖ 룩 시

注視 ☞ 정신을 모아서 살펴 봄

- 注文**주문** - 만들어 주기를 부탁함
- 注意**주의** - 정신을 차림
- 注射**주사** - 일정한 양의 약물을 생물체에 주입하는 일
- 視野**시야** - 눈의 보는 힘이 미치는 범위 시계(視界)
- 視察**시찰** - 실지 사정을 돌아다니며 살펴 봄
- 視聽**시청** - 눈으로 봄과 귀로 들음

株	朱木	式	弋

❖ 그루 주
❖ stump 주
❖ 스텀프 주

❖ 법 식
❖ rule 식
❖ 룰- 식

株式 ☞ 주식회사의 자본 구성단위

- 株價**주가** - 주식이나 주권의 값
- 株券**주권** - 회사의 주식 소유를 증명하는 증서
- 株主**주주** - 주식회사의 주권(株券)을 가진 사람
- 式辭**식사** - 식장에서 그 식에 대하여 인사로 하는 말
- 式順**식순** - 의식을 진행하는 순서
- 式場**식장** - 의식을 거행하는 장소

晝	昇	夜	

❖ 낮 주
❖ daytime 주
❖ 데이타임 주

❖ 밤 야
❖ night 야
❖ 나이트 야

晝夜 ☞ 낮과 밤

- 晝間**주간** - 낮 동안
- 晝耕長川**주야장천** - 밤낮으로 쉬지 않고, 잇따라서
- 晝思夜度**주사야탁** - 밤낮으로 깊이 생각함
- 夜客**야객** - 도적
- 夜景**야경** - 밤의 경치나 정경
- 夜學**야학** - 밤에 배우는 공부

住	仔	宅	宅

❖ 살 주
❖ dwell 주
❖ 드웰 주

❖ 집 택(댁 댁)
❖ house 택
❖ 하우스 택

住宅 ☞ 사람이 들어 사는 집

- 住居**주거** - 어떤 곳에 머물러 삶
- 住所**주소** - 살고 있는 곳
- 住民**주민** - 일정한 땅에 머물러 사는 백성
- 宅地**택지** - 집터, 대지(垈地)
- 宅號**택호** - 그 사람의 집을 부르는 이름
- 宅內**댁내** - 남의 집안의 존칭

遵	遵	守	守

❖ 좇을 준
❖ obey 준
❖ 어베이 준

❖ 지킬 수
❖ keep 수
❖ 키-프 수

遵守 ☞ 규칙·명령 등을 좇아서 지킴

- 遵法**준법** - 법령을 지킴
- 遵據**준거** - 예로부터의 전례나 명령에 의거함
- 遵敎**준교** - 가르침을 좇음
- 守口如瓶**수구여병** - 말을 몹시 삼감
- 守備**수비** - 힘써 지켜 막음
- 守勢**수세** - 적을 막아 지키는 형세

中	묭	央	앙

* 가운데 중
* middle 중
* 미들 중

* 가운데 앙
* center 앙
* 센터 앙

中央 ☞ 사방의 중심이 되는 곳

* 中間중간 - 두 사물의 사이
* 中等學校중등학교 - 중학교 및 고등학교
* 中食중식 - 점심
* 央央앙앙 - 넓은 모양
* 中央煖房중앙난방 - 집중난방
* 中央部중앙부 - 중앙을 차지하고 있는 부분

重		責	

* 무거울 중
* heavy 중
* 헤비 중

* 꾸짖을 책
* reprove 책
* 리프루-브 책

重責 ☞ 무거운 책임

* 重要중요 - 매우 귀중하고 종요로움
* 重任중임 - 먼저 근무하던 지위에 거듭 임용함
* 重大중대 - 예사가 아니고 매우 중요함
* 責任책임 - 맡아서 해야 할 임무
* 責望책망 - 허물을 꾸짖음
* 責務책무 - 당연히 해야 할 의무

增	圡증	殖	殖식

- ❖ 불을 증
- ❖ increase 증
- ❖ 인크리-스 증

- ❖ 번성할 식
- ❖ prosper 식
- ❖ 프라스퍼 식

增殖 ☞ 더욱 늚, 더하여 늘림

- 增加증가 - 더 늘어 많아짐
- 增設증설 - 더 늘어 설치함
- 增員증원 - 사람을 늘임
- 殖利식리 - 이익을 불림
- 殖産식산 - 생산물을 불림
- 殖財식재 - 재산을 불림

指	指지	導	導도

- ❖ 손가락 지
- ❖ finger 지
- ❖ 핑거 지

- ❖ 이끌 도
- ❖ guide 도
- ❖ 가이드 도

指導 ☞ 가리키어 이끎

- 指名지명 - 이름을 지정함
- 指紋지문 - 손가락 끝마디 안쪽에 있는 피부의 주름
- 指揮지휘 - 일의 해야 할 방도를 지시하여 시킴
- 導迎도영 - 잘 인도하여 맞이함
- 導入도입 - 끌어들임
- 導火線도화선 - 사건을 일으킨 직접 원인

遲		延	

- ❖ 늦을 **지**
- ❖ slow **지**
- ❖ 슬로우 **지**

- ❖ 끌 **연**
- ❖ delay **연**
- ❖ 딜레이 **연**

遲延 ☞ 더디게 끌거나 끌리어 나감

- 遲刻**지각** - 정해진 시간에 늦는 일, 지참(遲參)
- 遲日**지일** - 봄날
- 遲遲不進**지지부진** - 일의 되어 감이 몹시 느림
- 延期**연기** - 정한 기한을 늘임
- 延長**연장** - 시간, 길이 등을 길게 늘임
- 延着**연착** - 정한 시간보다 늦게 도착함

枝		葉	

- ❖ 가지 **지**
- ❖ branch **지**
- ❖ 브랜치 **지**

- ❖ 잎 **엽**
- ❖ leaf **엽**
- ❖ 리-프 **엽**

枝葉 ☞ 가지와 잎, 중요하지 않은 부분

- 枝幹**지간** - 가지와 줄기
- 枝節**지절** - 가지와 마디 곡절이 많은 사단의 비유
- 枝梧**지오** - 서로 어긋남
- 葉錢**엽전** - 놋쇠로 만든 옛날 돈
- 葉草**엽초** - 잎담배
- 葉菜**엽채** - 잎을 식용으로 하는 채소

支	치	柱	杼

- ❖ 지탱할 **지**
- ❖ support **지**
- ❖ 서포어트 **지**

- ❖ 기둥 **주**
- ❖ pillar **주**
- ❖ 필러 **주**

支柱 ☞ 무엇을 버티는 기둥

- 支給**지급** - 물건이나 돈을 치러 줌
- 支配**지배** - 거느리어 모든 일을 처리함
- 支援**지원** - 지지하여 응원함
- 柱單**주단** - 사주단자(四柱單子), 사성(四星)
- 柱礎**주초** - 주춧돌
- 柱脚**주각** - 기둥뿌리

智	듸	慧	혤

- ❖ 슬기 **지**
- ❖ wisdom **지**
- ❖ 위즈덤 **지**

- ❖ 총명할 **혜**
- ❖ brightness **혜**
- ❖ 브라이트니스 **혜**

知慧 ☞ 슬기

- 智略**지략** - 슬기로운 계략
- 智仁勇**지인용** - 지혜와 인자와 용기
- 智者**지자** - 슬기가 많은 사람
- 慧眼**혜안** - 안식이 예리함
- 慧鳥**혜조** - 앵무새의 별명(別名)
- 慧聖**혜성** - 뛰어나고 총명하고 지혜로운 사람

職	耴직	務	무力

- ❖ 벼슬 직
- ❖ duty 직
- ❖ 듀-티 직

- ❖ 힘쓸 무
- ❖ endeavor 무
- ❖ 인데버 무

職務 ☞ 담당해 맡은 사무

- 職印직인 - 직무상 쓰는 도장
- 職業직업 - 생계를 세우기 위하여 종사하는 일
- 職位직위 - 직책상의 지위
- 務實무실 - 사실에 힘씀
- 務望무망 - 힘써 바람
- 務得무득 - 얻으려고 애씀

眞	目진	理	王리

- ❖ 참 진
- ❖ true 진
- ❖ 트루- 진

- ❖ 다스릴 리
- ❖ govern 리
- ❖ 거번 리

眞理 ☞ 참된 이치

- 眞情진정 - 애틋하며 거짓 없는 마음
- 眞談진담 - 진정에서 나온 말
- 眞實진실 - 거짓이 없고 참됨
- 理解이해 - 사리를 분별하여 앎
- 理想이상 - 실현될 수 있다고 생각되는 최고의 상태
- 理致이치 - 사물의 정당한 조리

珍	珎진	味	미

- ❖ 보배 진
- ❖ precious 진
- ❖ 프레셔스 진

- ❖ 맛 미
- ❖ taste 미
- ❖ 테이스트 미

珍味 ☞ 음식의 썩 좋은 맛

- 珍貴**진귀** - 보배처럼 귀중함
- 珍寶**진보** - 진기(珍奇)한 보물
- 珍品**진품** - 진귀(珍貴)한 물품
- 味覺**미각** - 맛을 느끼는 감각
- 味如嚼蠟**미여작랍** - 아무런 맛도 없다는 뜻
- 味淋**미림** - 소주와 지에밥(고두밥)을 섞어 빚은 술

陳	阣진	述	迖

- ❖ 펼 진
- ❖ unfold 진
- ❖ 언포울드 진

- ❖ 말할 술
- ❖ narrate 술
- ❖ 내레이트 술

陳述 ☞ 자세하게 말함

- 陳艮醬**진간장** - 오래 묵어서 아주 진하게 된 간장
- 陳情**진정** - 사정을 아뢰어 부탁함
- 陳外家**진외가** - 아버지의 외가
- 述語**술어** - 주어에 대하여 그 동작, 상태 등을 설명하는 말
- 述懷**술회** - 마음먹은 여러 가지 생각을 말함
- 述作**술작** - 책 따위를 저술함

秩	秩	序	序

- ❖ 차례 질
- ❖ order 질
- ❖ 오어더 질

- ❖ 차례 서
- ❖ order 서
- ❖ 오어더 서

秩序 ☞ 사물의 조리 또는 그 순서

- 秩秩**질질** - 물이 흐르는 모양
- 秩米**질미** - 봉급으로 받는 쌀, 녹미(祿米)
- 秩次**질차** - 질서(秩序)
- 序文**서문** - 머리말
- 序論**서론** - 서문으로 쓴 논설
- 序詩**서시** - 책 첫머리에 서문 대신으로 쓰는 시

質	質	疑	疑

- ❖ 바탕 질
- ❖ disposition 질
- ❖ 디스퍼지션 질

- ❖ 의심할 의
- ❖ doubt 의
- ❖ 다우트 의

質疑 ☞ 의심나는 점을 물어 밝힘

- 質量**질량** - 물체 속에 포함되어 있는 물질의 분량
- 質問**질문** - 의문, 이유를 캐어물음
- 質責**질책** - 책망하여 바로 잡음
- 疑心**의심** - 마음에 미심하게 여기는 생각
- 疑訝**의아** - 의심스럽고 괴이쩍음
- 疑問**의문** - 의심해 물음

執	집	權	권

- ❖ 잡을 집
- ❖ grasp 집
- ❖ 그래숩 집

- ❖ 권세 권
- ❖ authority 권
- ❖ 어사러티 권

執權 ☞ 정권을 잡음

- 執念**집념** - 마음에 새겨서 움직이지 않는 일념
- 執務**집무** - 사무를 잡아서 함
- 執着**집착** - 마음에 새겨 두고 잊지 않음
- 權座**권좌** - 권세의 자리
- 權威**권위** - 권세와 위력
- 權利**권리** - 권세와 이익

제9장

ㅊ

錯	錯	誤	誤

❖ 섞일 착
❖ mix 착
❖ 믹스 착

❖ 그릇할 오
❖ mistake 오
❖ 미스테이크 오

錯誤 ☞ 착각에 의한 잘못

- 錯覺**착각** - 잘못 인식함
- 錯亂**착란** - 섞이어 어지러움
- 錯雜**착잡** - 뒤섞여 복잡함
- 誤記**오기** - 잘못 씀, 잘못된 기록
- 誤發**오발** - 총기를 잘못 발사함
- 誤報**오보** - 잘못 보도함

蒼	蒼	空	空

❖ 푸를 창
❖ blue 창
❖ 블루- 창

❖ 빌 공
❖ empty 공
❖ 엠프티 공

蒼空 ☞ 푸른 하늘

- 蒼生**창생** - 모든 백성, 만민(萬民), 창민(蒼民)
- 蒼白**창백** - 해쓱함
- 蒼蒼**창창** - 초목이 시퍼렇게 무성한 모양
- 空中**공중** - 하늘
- 空氣**공기** - 지구의 표면을 둘러 싼 무색투명한 기체
- 空想**공상** - 이루어 질 수 없는 헛된 생각

探　採 　擇 택

- ❖ 캘 채
- ❖ pick 채
- ❖ 픽 채

- ❖ 가릴 택
- ❖ select 택
- ❖ 시렉트 택

採擇 ☞ 골라서 가려냄

- 採光**채광** - 건축물에 창 따위를 내어 빛을 받아들임
- 採點**채점** - 학과나 경기의 성적을 점수로 매기는 일
- 採集**채집** - 찾아서 식물·동물 등의 종류를 모음
- 擇日**택일** - 좋은 날짜를 고름, 택길(擇吉)
- 擇壻**택서** - 좋은 사위를 고름
- 擇里志**택리지** - 지리서(이조 영조 때 이중환 지음)

冊　책　曆

- ❖ 책 책
- ❖ book 책
- ❖ 북 책

- ❖ 책력 력
- ❖ calendar 력
- ❖ 캘린더 력

冊曆 ☞ 천체의 운행과 절기를 적은 책

- 冊**책** - 사항을 문자 등으로 표현한 종이를 겹쳐 맨 물건
- 冊床**책상** - 독서나 글씨를 쓰는 데 받치고 쓰는 상
- 冊欌**책장** - 책을 넣어 두는 장(欌)
- 曆法**역법** - 책력에 관한 법칙
- 曆書**역서** - 년, 월, 일, 시를 기록한 책, 책력(冊曆)
- 曆學**역학** - 책력에 관한 학문

227

妻 娶 福 祚

- ❖ 아내 처
- ❖ wife 처
- ❖ 와이프 처

- ❖ 복 복
- ❖ fortune 복
- ❖ 포어천 복

妻福 ☞ 아내를 잘 얻은 복

- 妻家**처가** - 아내의 친정
- 妻男**처남** - 아내의 남자 형제
- 妻子**처자** - 아내와 자식
- 福券**복권** - 추첨을 하여 큰 배당을 받게 되는 채권
- 福祿**복록** - 복과 녹
- 福祉**복지** - 행복과 이익

悽 悽 慘 慘

- ❖ 슬플 처
- ❖ grieve 처
- ❖ 그리-브 처

- ❖ 참혹할 참
- ❖ miserable 참
- ❖ 미저러블 참

悽慘 ☞ 슬프고 참혹함

- 悽然**처연** - 마음이 쓸쓸하고 구슬픈 모양
- 悽絶**처절** - 더할 나위 없이 애처로움
- 悽惘**처망** - 슬퍼서 마음이 답답함
- 慘憺**참담** - 딱하고 슬픈 모양
- 慘事**참사** - 참혹한 사건
- 慘敗**참패** - 여지없이 패배함

千	천	萬	만

* ❖ 일천 천
* ❖ thousand 천
* ❖ 사우전드 천

* ❖ 일만 만
* ❖ ten thousand 만
* ❖ 텐 사우전드 만

千萬 ☞ 천, 만

* 千金천금 - 많은 돈
* 千古천고 - 오랜 옛적
* 千秋천추 - 오래고 긴 세월
* 萬事亨通만사형통 - 온갖 일이 다 잘됨
* 萬古風雪만고풍설 - 오래 동안 격어 온 많은 고생
* 萬壽無疆만수무강 - 장수하기를 비는 말

天	천	地	지

* ❖ 하늘 천
* ❖ sky 천
* ❖ 스카이 천

* ❖ 땅 지
* ❖ earth 지
* ❖ 어-스 지

天地 ☞ 하늘과 땅

* 天倫천륜 - 부모자식, 형제간의 변하지 않은 떳떳한 도리
* 天運천운 - 타고난 운명
* 天才천재 - 아주 뛰어난 재주
* 地價지가 - 토지의 가격
* 地官지관 - 집터, 묏자리 등을 잘 잡는 사람, 지사(地師)
* 地理지리 - 토지의 상태

添		附	

❖ 더할 첨
❖ add 첨
❖ 애드 첨

❖ 붙일 부
❖ attach 부
❖ 어태치 부

添附 ☞ 더하여 붙임

- 添削**첨삭** - 글자를 더하거나 깎거나 하여 고침
- 添加**첨가** - 더 넣음
- 添酌**첨작** - 종헌 드린 잔에 다시 술을 가득 채우는 일
- 附近**부근** - 가까운 언저리, 근처(近處)
- 附記**부기** - 원문에 덧붙이어 적음
- 附設**부설** - 부속시켜 설치함

廳	廗	舍	介

❖ 관청 청
❖ office 청
❖ 아피스 청

❖ 집 사
❖ house 사
❖ 하우스 사

廳舍 ☞ 관청의 건물

- 廳規**청규** - 관청의 내규
- 官廳**관청** - 국가의 사무를 맡아 보는 기관
- 大廳**대청** - 관아나 사삿집의 집채의 중앙에 있는 마루
- 舍監**사감** - 기숙사에서 기숙생을 감독하는 사람
- 舍廊**사랑** - 바깥주인이 거처하며 손님을 접대하는 방
- 舍宅**사택** - 사람이 사는 집

清	淸	掃	拵

❖ 맑을 청
❖ clear 청
❖ 클리어 청

❖ 쓸 소
❖ sweep 소
❖ 스위- 프 소

清掃 ☞ 깨끗이 소제함

- 淸潔**청결** - 맑고 깨끗함
- 淸雅**청아** - 맑고 아담함
- 淸酒**청주** - 맑은 술
- 掃除**소제** - 쓸어서 깨끗하게 함
- 掃蕩**소탕** - 휩쓸어 죄다 없애 버림
- 掃萬**소만** - 모든 일을 다 제쳐 놓음

請	請	託	託

❖ 청할 청
❖ request 청
❖ 리퀘스트 청

❖ 맡길 탁
❖ deposit 탁
❖ 디파지트 탁

請託 ☞ 청촉(請囑)하고 부탁함

- 請求書**청구서** - 금품을 달라고 요구하는 문서
- 請婚**청혼** - 혼인을 청함
- 請牒狀**청첩장** - 경사 시에 주인이 남을 청하는 글발
- 託送**탁송** - 남에게 부탁하여 물건을 부침
- 託兒所**탁아소** - 어린 아이를 맡아 보호하는 곳
- 託辭**탁사** - 꾸며서 평계하는 말

青  紅 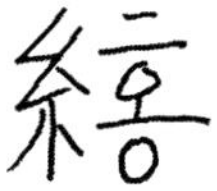

- ❖ 푸를 **청**
- ❖ blue **청**
- ❖ 블루- **청**

- ❖ 붉을 **홍**
- ❖ red **홍**
- ❖ 레드 **홍**

青紅 ☞ 파란 색과 붉은 색

- 青信號**청신호** - 앞일에 대한 순조로운 빌미를 뜻함
- 青一點**청일점** - 많은 여자들 틈에 오직 하나 뿐인 남자
- 青寫眞**청사진** - 미래의 계획이나 구상
- 紅蓮**홍련** - 붉은 연꽃
- 紅一點**홍일점** - 많은 남자들 틈에 오직 하나 뿐인 여자
- 紅潮**홍조** - 부끄러워하는 얼굴

超  過 

- ❖ 넘을 **초**
- ❖ leap **초**
- ❖ 리-프 **초**

- ❖ 지날 **과**
- ❖ excess **과**
- ❖ 익세스 **과**

超過 ☞ 일정한 정도를 지나침

- 超滿員**초만원** - 정원 이상으로 사람들이 꽉 참
- 超越**초월** - 뛰어 넘음
- 超人間的**초인간적** - 사람의 힘으로 미칠 수 없는 것
- 過去**과거** - 지나간 때
- 過多**과다** - 너무 많음
- 過食**과식** - 양에 지나치게 먹음

抄	抌	本	귿

❖ 베낄 초
❖ copy 초
❖ 카피 초

❖ 근본 본
❖ origin 본
❖ 오-러진 본

抄本 ☞ 원본의 일부를 베낀 문서

- 抄錄**초록** - 필요한 것만 뽑아서 적음
- 抄譯**초역** - 원문의 어느 일부분을 빼내서 번역함
- 抄册**초책** - 요점만 가려 뽑아 쓴 책
- 本家**본가** - 본집
- 本能**본능** - 선천적으로 타고난 능력
- 本貫**본관** - 시조(始祖)의 고향 관향(貫鄕)

招		聘	耳빙

❖ 부를 초
❖ beckon 초
❖ 베컨 초

❖ 찾을 빙
❖ invite 빙
❖ 인바이트 빙

招聘 ☞ 예를 갖춰 불러 맞아들임

- 招待**초대** - 손님을 불러서 대접함
- 超人鐘**초인종** - 사람을 부르는 신호로 울리게 하는 종
- 招請**초청** - 청하여 부름
- 聘母**빙모** - 아내의 어머니, 장모(丈母)
- 聘父**빙부** - 아내의 아버지, 장인(丈人)
- 聘妻**빙처** - 약혼하고 아직 결혼하지 않은 아내

233

肖	肖	像	像

- ❖ 닮을 초
- ❖ like 초
- ❖ 라이크 초

- ❖ 형상 상
- ❖ figure 상
- ❖ 피겨 상

肖像 사람의 자태를 그린 화상

- 肖似**초사** - 매우 닮음
- 像本**상본** - 천신(天神)이나 성인(聖人)의 모상
- 現像**현상** - 형상을 나타냄
- 現像液**현상액** - 사진 현상에 쓰는 액체
- 現像藥**현상약** - 현상에 쓰는 환원제
- 現像主藥**현상주약** - 현상약

初	初	喪	喪

- ❖ 처음 초
- ❖ first 초
- ❖ 퍼-스트 초

- ❖ 죽을 상
- ❖ death 상
- ❖ 데스 상

初喪 장례지낼 때까지의 기간

- 初級**초급** - 맨 처음의 등급
- 初面**초면** - 처음으로 대하여 봄
- 初志**초지** - 처음에 품은 의지
- 喪事**상사** - 초상난 일
- 喪失**상실** - 잃어버림
- 喪中**상중** - 상제로 있는 동안

總	總	角	각

❖ 거느릴 총
❖ command 총
❖ 커맨드 총

❖ 뿔 각
❖ horn 각
❖ 호언 각

總角 ☞ 성숙한 미혼의 남성

- 總決算**총결산** - 총체적인 결산
- 總力**총력** - 모든 힘
- 總會**총회** - 그 단체 전원의 모임
- 角帽**각모** - 모난 모자
- 角度**각도** - 각의 크기
- 角逐戰**각축전** - 승리를 다투어 맞붙은 싸움

聰	聰	明	명

❖ 귀밝을 총
❖ clever 총
❖ 클레버 총

❖ 밝을 명
❖ bright 명
❖ 브라이트 명

聰明 ☞ 총기가 좋고 명민함

- 聰氣**총기** - 총명한 기질
- 聰慧**총혜** - 총명한 지혜
- 聰察**총찰** - 총명하여 사물에 밝음
- 明鏡止水**명경지수** - 맑고 깨끗한 마음
- 明年**명년** - 내년(來年)
- 明堂**명당** - 아주 좋은 묏자리

銃	銃	聲	聲

* 총 총
* gun 총
* 건 총

* 소리 성
* voice 성
* 보이스 성

銃聲 ☞ 총소리

- 銃擊**총격** - 총으로 쏨
- 銃獵**총엽** - 총으로 사냥함
- 銃器**총기** - 소총, 기관총, 권총 따위의 총칭
- 聲援**성원** - 소리쳐서 사기를 북돋우어 주는 것
- 聲量**성량** - 목소리의 크기와 양
- 聲明**성명** - 공언(公言)하여 뜻을 밝히는 것

最	最	近	近

* 가장 최
* most 최
* 모우스트 최

* 가까울 근
* near 근
* 니어 근

最近 ☞ 가장 가까움

- 最高**최고** - 가장 높음
- 最新式**최신식** - 가장 새로운 방식
- 最初**최초** - 맨 처음, 제일 먼저
- 近間**근간** - 요사이
- 近距離**근거리** - 썩 가까운 거리
- 近況**근황** - 요즈음의 형편

秋	秌	冬	冬

- ❖ 가을 추
- ❖ autumn 추
- ❖ 오-텀 추

- ❖ 겨울 동
- ❖ winter 동
- ❖ 윈터 동

秋冬 ☞ 가을과 겨울

- 秋耕**추경** - 가을갈이
- 秋穀**추곡** - 가을에 거두어들이는 곡식
- 秋夕**추석** - 음력 8월 15일 한가위
- 冬服**동복** - 겨울옷
- 冬期休暇**동기휴가** - 겨울철의 휴가
- 冬至時食**동지시식** - 동지 팥죽

追	逞	憶	忄억

- ❖ 따를 추
- ❖ pursue 추
- ❖ 퍼수- 추

- ❖ 생각할 억
- ❖ recall 억
- ❖ 리코-올 억

追憶 ☞ 지난 일을 돌이켜 생각함

- 追加**추가** - 나중에 더 보탬
- 追擊**추격** - 쫓아가서 몰아 침
- 追放**추방** - 쫓아냄
- 憶念**억념** - 단단히 기억하여 잊지 않음
- 憶起**억기** - 과거 경험을 다시 마음에 불러일으키는 작용
- 憶吹簫樂**억취소악** - 제가 보아서 의견대로 추측하는 일

祝	禄	賀	賀

- ❖ 빌 축
- ❖ celebrate 축
- ❖ 셀러브레이트 축

- ❖ 하례 하
- ❖ congratulate 하
- ❖ 컨그래츌레이트 하

祝賀 ☞ 성사를 빌고 하례함

- 祝福축복 - 앞으로의 행복을 빎
- 祝辭축사 - 축하하는 뜻의 말이나 글
- 祝歌축가 - 축하하는 뜻으로 부르는 노래
- 賀客하객 - 축하하는 손님
- 賀禮하례 - 축하하는 예식
- 賀宴하연 - 축하하는 뜻으로 베푼 잔치

春	春	夏	夏

- ❖ 봄 춘
- ❖ spring 춘
- ❖ 스프링 춘

- ❖ 여름 하
- ❖ summer 하
- ❖ 서머 하

春夏 ☞ 봄과 여름

- 春窮期춘궁기 - 봄철의 농민이 몹시 살기 어려운 때
- 春府丈춘부장 - 남의 아버지에 대한 존칭
- 春秋춘추 - 봄과 가을, 나이의 경칭
- 夏穀하곡 - 보리와 밀 등 여름에 거두는 곡식
- 夏扇冬曆하선동력 - 여름의 부채와 겨울의 책력
- 夏瘦하수 - 여름에 더위에 지쳐서 몸이 쇠약함

出		版	片판

❖ 날 출
❖ born 출
❖ 보언 출

❖ 책 판
❖ volume 판
❖ 발륨 판

出版 ☞ 서적 등을 인쇄하여 펴냄

- 出張**출장** - 직무를 띠고 어느 곳으로 나감
- 出勤**출근** - 일터로 근무하러 나감
- 出發**출발** - 길을 떠나 나감
- 版局**판국** - 어느 사건이 벌어진 판
- 版權張**판권장** - 책의 저작자 성명 등을 적은 종잇장
- 版畫**판화** - 판으로 찍어낸 그림

忠		告	显

❖ 충성 충
❖ loyalty 충
❖ 로이얼티 충

❖ 알릴 고(청할 곡)
❖ tell 고
❖ 텔 고

忠告 ☞ 충심으로 남의 허물을 경고함

- 忠烈**충렬** - 충성스럽고 절의에 열렬함
- 忠誠**충성** - 진정에서 우러나는 정성
- 忠孝**충효** - 충의와 효행
- 告白**고백** - 숨김없이 사실대로 말함
- 告示**고시** - 고하여 알림
- 告知書**고지서** - 통지하여 알리는 글발

衝	仿	突	室

* 찌를 충
* pierce 충
* 피어스 충

* 부딪칠 돌
* collide 돌
* 컬라이드 돌

衝突 ☞ 서로 대질러서 부딪침

* 衝擊**충격** - 마음에 격동을 받는 강한 자극
* 衝動**충동** - 심하게 마음을 찔러서 흔들어 놓음
* 衝天**충천** - 높이 솟아 하늘을 찌를 듯함
* 突風**돌풍** - 갑자기 부는 억센 바람
* 突發**돌발** - 뜻밖에 일이 일어남
* 突出**돌출** - 툭 튀어 나옴

取	耴취	材	木재

* 취할 취
* take 취
* 테익 취

* 재목 재
* stuff 재
* 스터프 재

取材 ☞ 기사나 작품의 제재를 취함

* 取得**취득** - 자기 소유로 함
* 取消**취소** - 기재하거나 진술한 사실을 말살함
* 取扱**취급** - 사물을 다루어 처리함
* 材木**재목** - 건축이나 기구의 재료가 되는 나무
* 材料**재료** - 물건을 만드는 데 드는 원료
* 材質**재질** - 재료가 갖는 성질

翠	翠	竹	竹

- ❖ 푸를 취
- ❖ blue 취
- ❖ 블루- 취

- ❖ 대 죽
- ❖ bamboo 죽
- ❖ 뱀부- 죽

翠竹 ☞ 푸른 대나무(靑竹)

- 翠光**취광** - 푸른 빛
- 翠簾**취렴** - 푸른 빛의 발
- 翠髮**취발** - 아름답고 윤나는 머리털
- 竹馬故友**죽마고우** - 어릴 때부터 같이 놀며 자란 친구
- 竹竿**죽간** - 대나무 장대
- 竹筍**죽순** - 대의 지하 경에서 돋아나는 어리고 연한 싹

治	治	療	療

- ❖ 다스릴 치
- ❖ govern 치
- ❖ 거번 치

- ❖ 병 고칠 료
- ❖ heal 료
- ❖ 히-일 료

治療 ☞ 병을 다스려서 낫게 함

- 治國**치국** - 나라를 다스림
- 治山**치산** - 산을 다스림
- 治安**치안** - 세상을 편안하게 다스리는 것
- 療養**요양** - 병의 치료와 조섭
- 療飢**요기** - 시장기를 면할 정도로 조금 먹음
- 療護**요호** - 병간호

親		戚	

- ❖ 친할 친
- ❖ intimate 친
- ❖ 인티미트 친

- ❖ 겨레 척
- ❖ relative 척
- ❖ 렐러티브 척

親戚 ☞ 친족과 외척

- 親舊**친구** - 오래 두고 가깝게 사귄 벗
- 親親**친친** - 마땅히 친해야 할 사람과 친함
- 親善**친선** - 친하여 사이가 좋음
- 戚分**척분** - 친척이 되는 관계
- 戚誼**척의** - 인척간의 정의
- 戚屬**척속** - 친척이 되는 거레붙이, 척족(戚族)

漆		黑	熏

- ❖ 옻 칠
- ❖ lacquer 칠
- ❖ 래커 칠

- ❖ 검을 흑
- ❖ black 흑
- ❖ 블랙 흑

漆黑 ☞ 옻칠과 같이 검은 것

- 漆木**칠목** - 옻나무
- 漆板**칠판** - 분필로 글씨를 쓰게 만든 널조각
- 漆工**칠공** - 칠장이
- 黑髮**흑발** - 검은 머리털
- 黑石**흑석** - 검은 돌
- 黑心**흑심** - 음흉하고 부정한 욕심이 많은 마음

沈	浸	默	呆

❖ 잠길 **침**
❖ sink **침**
❖ 싱크 **침**

浸 (성 심)

❖ 고요할 **묵**
❖ silent **묵**
❖ 사일런트 **묵**

沈默 ☞ 말없이 잠잠히 있음

- 沈沒**침몰** - 물 밑에 가라앉음
- 沈水**침수** - 물에 젖거나 잠김
- 沈鬱**침울** - 마음이 우울함
- 默念**묵념** - 묵묵히 생각함
- 默殺**묵살** - 알고도 모르는 체하고 내버려 둠
- 默默不答**묵묵부답** - 잠자코 대답이 없음

제10장

ㅋ, ㅌ

快	亻쾌	晴	日청

- ❖ 쾌할 쾌
- ❖ cheerful 쾌
- ❖ 치어펄 쾌

- ❖ 갤 청
- ❖ clear 청
- ❖ 클리어 청

快晴 ☞ 하늘이 상쾌하도록 맑게 갬

- 快活**쾌활** - 마음씨나 행동이 씩씩하고 활발함
- 快感**쾌감** - 상쾌하고 즐거운 느낌
- 快癒**쾌유** - 병이 완전히 나음, 쾌차(快差), 쾌복(快復)
- 晴天**청천** - 맑게 갠 하늘
- 晴景**청경** - 맑게 갠 경치
- 晴朗**청랑** - 맑고 명랑함

墮	탈	落	락

- ❖ 떨어질 타
- ❖ fall 타
- ❖ 포-올 타

- ❖ 떨어질 락
- ❖ fall 락
- ❖ 포-올 락

墮落 ☞ 품행이 나빠 못된 구렁에 빠짐

- 墮淚**타루** - 눈물을 떨어뜨림, 낙루(落淚)
- 墮顚**타전** - 늙어서 된 대머리, 독정(禿頂)
- 墮其術中**타기술중** - 남의 간악한 술책에 빠짐
- 落果**낙과** - 과실이 발육 도중에 나무에서 떨어짐
- 落葉**낙엽** - 나뭇잎이 떨어짐, 떨어진 나뭇잎
- 落照**낙조** - 저녁 햇빛, 석양(夕陽)

打 抍 破 砕파

- ❖ 칠 타
- ❖ strike 타
- ❖ 스트라익 타

- ❖ 깨뜨릴 파
- ❖ break 파
- ❖ 브레이크 파

打破 ☞ 관습 같은 것을 깨뜨려 버림

- 打開**타개** - 헤쳐서 엶
- 打者**타자** - 야구에서 배트로 공을 치는 선수
- 打算**타산** - 이득과 손실을 헤아려 봄
- 破格**파격** - 격식을 깨뜨림
- 破廉恥**파렴치** - 염치를 모름
- 破裂**파열** - 깨어져 갈라짐

妥 娿 協 忄협

- ❖ 온당할 타
- ❖ propriety 타
- ❖ 프러프라이어티 타

- ❖ 맞을 협
- ❖ harmony 협
- ❖ 하어머니 협

妥協 ☞ 두 편이 서로 좋도록 협의함

- 妥當**타당** - 사리에 마땅하고 온당함
- 妥結**타결** - 서로 좋도록 협의하여 일을 마무름
- 妥定**타정** - 온당하게 작정함
- 協議**협의** - 여러 사람이 모여 의논함
- 協定價格**협정가격** - 동업자간에 협정한 상품 가격
- 協會**협회** - 회원이 협력하여 설립, 유지하는 회

彈	彈탄	丸	丸환

- ❖ 탄알 탄
- ❖ bullet 탄
- ❖ 불릿 탄

- ❖ 알 환
- ❖ grain 환
- ❖ 그레인 환

彈丸 ☞ 탄알, 총탄, 포탄의 총칭

- 彈琴**탄금** - 거문고 가야금 등을 탐
- 彈力**탄력** - 퉁기는 힘
- 彈壓**탄압** - 남을 권력으로써 억지로 누름
- 丸藥**환약** - 둥글둥글하게 만든 약
- 丸丸**환환** - 나무가 곧은 모양
- 丸泥**환니** - 한 덩이의 진흙

探	探탐	求	求구

- ❖ 찾을 탐
- ❖ search 탐
- ❖ 서-취 탐

- ❖ 구할 구
- ❖ seek 구
- ❖ 시-크 구

探求 ☞ 찾아 구함

- 探偵**탐정** - 몰래 남의 비밀이나 행동을 탐지함
- 探索**탐색** - 실상을 더듬어 찾음
- 探險家**탐험가** - 탐험에 종사하는 사람
- 求職**구직** - 직업을 구함
- 求婚**구혼** - 혼처를 구함
- 求人**구인** - 쓸 사람을 구함

跆	跆태	拳	권手

❖ 밟을 태
❖ step 태
❖ 스텝 태

❖ 주먹 권
❖ fist 권
❖ 피스트 권

跆拳 ☞ 한국 고유의 호신 무술의 하나

- 跆拳道**태권도** - 무도로서 태권을 일컫는 말
- 拳鬪**권투** - 주먹으로 싸워 승패를 결정하는 경기
- 拳法**권법** - 주먹을 휘두르며 격투하는 무예
- 拳書**권서** - 붓 아닌 주먹에 먹을 묻혀 쓴 글씨
- 拳銃**권총** - 총의 한 가지
- 拳菜**권채** - 고사리

怠	怠	納	納

❖ 게으를 태
❖ lazy 태
❖ 레이지 태

❖ 바칠 납
❖ offering 납
❖ 아퍼링 납

怠納 ☞ 태만하여 조세를 미납함

- 怠慢**태만** - 게으름
- 怠業**태업** - 게으름을 피우는 일
- 怠解**태해** - 게을러 마음이 풀어짐
- 納期**납기** - 세금, 공과금 등을 바치는 기간
- 納付**납부** - 세금, 공과금 등을 바침
- 納品**납품** - 계약한 곳에 물품을 바침

泰	春	平	평

- ❖ 클 태
- ❖ great 태
- ❖ 그레이트 태

- ❖ 평평할 평
- ❖ even 평
- ❖ 이-번 평

泰平 ☞ 몸이나 마음이 평안함

- 泰斗**태두** - 세인으로부터 우러러 존경을 받는 사람
- 泰山**태산** - 높고 큰 산, 크고 많음을 가리키는 말
- 泰然**태연** - 침착한 모양
- 平均**평균** - 많은 수나 양의 중간적인 치(値)
- 平常時**평상시** - 보통 때, 평소(平素)
- 平安**평안** - 무사히 잘 있음

吐	吐	露	

- ❖ 토할 토
- ❖ vomit 토
- ❖ 바미트 토

- ❖ 이슬 로
- ❖ dew 로
- ❖ 듀- 로

吐露 ☞ 속마음을 드러내어 말함

- 吐瀉**토사** - 위로는 토하고 아래로는 설사함
- 吐實**토실** - 일의 경위를 사실대로 말함, 실토(實吐)
- 吐鳳**토봉** - 문장의 재능이 뛰어남
- 露骨**노골** - 있는 그대로 숨김없이 드러냄
- 露出**노출** - 밖으로 드러나거나 드러냄
- 露宿**노숙** - 한데서 잠, 한뎃잠, 야숙(野宿), 한둔

討	討	議	議

* 칠 토
* suppress 토
* 서프레스 토

* 의논할 의
* discuss 의
* 디스커스 의

討議 ☞ 의견을 검토하고 협의하는 일

* 討論토론 - 논제를 둘러싸고 여러 사람이 의논함
* 討伐토벌 - 군대를 보내어 침
* 討滅토멸 - 쳐서 멸망시킴
* 議決의결 - 회의를 열어 정함
* 議題의제 - 회의에서 의논해야 할 문제
* 議婚의혼 - 혼사(婚事)를 의논함

統	統	括	括

* 거느릴 통
* govern 통
* 거번 통

* 묶을 괄
* bundle 괄
* 번들 괄

統括 ☞ 낱낱의 일을 한데 몰아서 잡음

* 統計통계 - 온통 몰아서 계산함
* 統一통일 - 하나로 만듦
* 統合통합 - 모두 합쳐서 하나로 모음
* 括弧괄호 - 앞뒤를 막아 딴 것과의 구별을 하는 기호
* 括約괄약 - 모아서 한데 묶음
* 括囊괄낭 - 주머니의 주둥이를 잡아 맴

透	逶	徹	

* 통할 투
* transparent 투
* 트랜스페어런트 투

* 통할 철
* transparent 철
* 트랜스페어런트 철

透徹 ☞ 사리가 밝고 확실함

- 透明**투명** - 환히 트여 속까지 밝음
- 透視**투시** - 막힌 물체를 환히 틔워봄
- 透映**투영** - 광선이 통하여 비침
- 徹頭徹尾**철두철미** - 처음부터 끝까지 투철함
- 徹底**철저** - 속 깊이 밑바닥까지 투철함
- 徹天之冤**철천지원** - 하늘에 사무치는 크나큰 원한

投	挓	票	票

* 던질 투
* throw 투
* 스로우 투

* 표시할 표
* ticket 표
* 티키트 표

投票 ☞ 선거할 때 의사를 적어 제출함

- 投稿**투고** - 신문사, 잡지사 등에 원고를 보냄
- 投機**투기** - 기회를 엿보아 큰 이익을 보려는 짓
- 投資**투자** - 자본금을 사업을 위하여 사용함
- 票決**표결** - 투표로 결정함
- 開票**개표** - 투표함을 열고 투표 결과를 조사함
- 車票**차표** - 차를 타기 위해 찻삯을 주고 사는 표

特	特	急	急

- ❖ 특별 특
- ❖ special 특
- ❖ 스페셜 특

- ❖ 급할 급
- ❖ urgent 급
- ❖ 어-전트 급

特急 ☞ 특별 급행

- 特徵**특징** - 다른 것에 비겨서 특별히 눈에 뜨이는 점
- 特殊**특수** - 특별히 다름
- 特別**특별** - 보통보다 다름
- 急先務**급선무** - 가장 급히 먼저 보아야 할 일
- 急流**급류** - 급히 흐르는 물
- 急所**급소** - 신체 중에서 해치면 생명에 관계되는 부분

ㄱ
ㄴ
ㄷ
ㅁ
ㅂ
ㅅ
ㅇ
ㅈ
ㅊ
ㅋ,ㅌ
ㅍ
ㅎ

제11장

파

派	汦	遣	遣

- ❖ 갈라질 파
- ❖ split 파
- ❖ 스플릿 파

- ❖ 보낼 견
- ❖ send 견
- ❖ 센드 견

派遣 ☞ 용무를 띠워 사람을 보냄

- 波黨**파당** - 당파, 여러 갈래로 된 단체
- 派生**파생** - 어떤 사물의 주체로부터 갈려 나와 생김
- 派兵**파병** - 군대를 파견함
- 遣歸**견귀** - 돌려 줌, 돌려보냄
- 遣情**견정** - 어떠한 생각을 발산시킴
- 遣悶**견민** - 답답한 속을 해소함

罷	罷	免	

- ❖ 파할 파
- ❖ cease 파
- ❖ 시-스 파

- ❖ 면할 면
- ❖ avoid 면
- ❖ 어보이드 면

罷免 ☞ 직무를 면제시킴

- 罷市**파시** - 시장이 서지 않음
- 罷場**파장** - 시장이 파함
- 罷業**파업** - 하던 일을 중지함
- 免稅**면세** - 세금을 면제함
- 免疫**면역** - 질병에 잘 걸리지 않는 저항력을 갖는 일
- 免除**면제** - 책임이나 의무를 지우지 아니함

播	扞	種	禾종

- ❖ 뿌릴 파
- ❖ sow 파
- ❖ 소우 파

- ❖ 씨 종
- ❖ seed 종
- ❖ 시-드 종

播種 ☞ 논밭에 곡식의 씨를 뿌려 심음

- 播遷**파천** - 임금이 도성을 떠나 난을 피함
- 播說**파설** - 말을 퍼뜨림
- 播揚**파양** - 힘써 움직임
- 種類**종류** - 사물의 부문을 나누는 갈래
- 種目**종목** - 종류의 명목
- 種種**종종** - 가끔

販	貝판	賣	屯매

- ❖ 팔 판
- ❖ sell 판
- ❖ 셀 판

- ❖ 팔 매
- ❖ sell 매
- ❖ 셀 매

販賣 ☞ 상품을 팖

- 販路**판로** - 상품이 팔리는 방면
- 販賣員**판매원** - 상품의 판매에 종사하는 사람
- 販賣業**판매업** - 상품을 판매하는 영업
- 賣盡**매진** - 모조리 팔림
- 賣却**매각** - 팔아 버림
- 賣上高**매상고** - 매출한 수량이나 대금의 합계

編		輯	

- ❖ 엮을 편
- ❖ weave 편
- ❖ 위-브 편

- ❖ 모을 집
- ❖ gather 집
- ❖ 개더 집

編輯 ☞ 간행을 위해 형식을 갖춤

- 編纂**편찬** - 여러 종류의 재료를 모아 책을 꾸며 냄
- 編者**편자** - 책을 엮은 사람, 엮은이
- 編著**편저** - 편집하여 저술함
- 輯錄**집록** - 여러 서적에서 모아 기록함
- 輯要**집요** - 요점만을 모음
- 輯載**집재** - 편집하여 기재함

廢		棄	亐

- ❖ 폐할 폐
- ❖ abolish 폐
- ❖ 어발리쉬 폐

- ❖ 버릴 기
- ❖ abandon 기
- ❖ 어밴던 기

廢棄 ☞ 못 쓰게 된 것을 버림

- 廢車**폐차** - 못쓰게 된 차
- 廢校**폐교** - 학교를 폐지함
- 廢止**폐지** - 실시하던 제도나 일 등을 치워서 그만 둠
- 棄權**기권** - 권리를 버리고 행사하지 않음
- 棄毁**기훼** - 부수어 버림
- 棄世隱遁**기세은둔** - 세상을 멀리하고 숨어 지냄

閉		鎖	金쇄

- ❖ 닫을 폐
- ❖ shut 폐
- ❖ 셧 폐

- ❖ 쇠사슬 쇄
- ❖ chain 쇄
- ❖ 체인 쇄

閉鎖 ☞ 문을 닫고 자물쇠를 채움

- 閉氣**폐기** - 딸꾹질, 폐기(肺氣)
- 閉門**폐문** - 문을 닫음
- 閉講**폐강** - 하던 강좌·강의를 폐지함
- 鎖國**쇄국** - 외국과의 국교를 끊음
- 鎖金**쇄금** - 자물쇠
- 鎖門**쇄문** - 문을 걸어 잠금

包	勹	裝	

- ❖ 쌀 포
- ❖ pack 포
- ❖ 팩 포

- ❖ 꾸밀 장
- ❖ decorate 장
- ❖ 데커레이트 장

包裝 ☞ 물건을 싸서 꾸밈

- 包括**포괄** - 하나로 휩쓸어 묶음
- 包攝**포섭** - 받아들임, 가담시킴
- 包含**포함** - 한 속으로 다 겹쳐 쌈
- 裝飾**장식** - 치장하는 것, 꾸밈새
- 裝飾品**장식품** - 치레를 하는 데 쓰는 물건
- 裝置**장치** - 차리어 둠, 만들어 둠

爆	爆(火폭)	擊	擊

- ❖ 터질 폭
- ❖ explode 폭
- ❖ 익스플로우드 폭

- ❖ 부딪칠 격
- ❖ strike 격
- ❖ 스트라익 격

爆擊 ☞ 비행기가 폭탄을 투하해 공격함

- 爆笑**폭소** - 폭발하듯 갑자기 웃는 웃음
- 爆發**폭발** - 불이 일어나며 갑작스럽게 터짐
- 爆音**폭음** - 화약·화산 등이 폭발하는 큰 소리
- 擊發**격발** - 탄환을 발사하기 위해 방아쇠를 당김
- 擊退**격퇴** - 적을 쳐서 물리침
- 擊沈**격침** - 적의 배를 쳐서 침몰시킴

表	表	決	決

- ❖ 겉 표
- ❖ surface 표
- ❖ 서-피스 표

- ❖ 결단할 결
- ❖ decide 결
- ❖ 디사이드 결

表決 ☞ 가부 의사를 표시하여 결정함

- 表記**표기** - 거죽에 표시해 기록함
- 表面**표면** - 거죽으로 드러난 면
- 表裏不同**표리부동** - 마음이 음충맞아서 겉과 속이 다름
- 決斷**결단** - 딱 잘라 결정함
- 決定**결정** - 결단하여 정함
- 決濟**결제** - 대금 수수에서 당사자 간의 거래를 끝맺음

標	標	識	識

- ❖ 표할 표
- ❖ mark 표
- ❖ 마어크 표

- ❖ 기록할 지(알 식)
- ❖ record 지
- ❖ 리코어드 지

標識 ☞ 사물을 표시하기 위한 기록

- 標本표본 - 표준을 삼을 만한 물건
- 標石표석 - 푯돌
- 標準표준 - 사물의 정도를 정하는 목표 기준
- 識지 - 적음의 뜻
- 識見식견 - 학식과 견문
- 識別식별 - 잘 알아서 분별함

風	風	雨	雨

- ❖ 바람 풍
- ❖ wind 풍
- ❖ 윈드 풍

- ❖ 비 우
- ❖ rain 우
- ❖ 레인 우

風雨 ☞ 바람과 비

- 風景풍경 - 경치
- 風俗풍속 - 예로부터 행하여 온 생활에 관한 습관
- 風塵풍진 - 비바람에 날리는 티끌, 세상의 속된 일
- 雨傘우산 - 비 올 때 받쳐서 비를 가리는 우비
- 雨濕우습 - 비 때문에 생긴 습기
- 雨氣우기 - 비가 올 듯한 기운

避	辺	暑	묫

- ❖ 피할 피
- ❖ avoid 피
- ❖ 어보이드 피

- ❖ 더울 서
- ❖ hot 서
- ❖ 하트 서

避暑 ☞ 선선한 곳으로 가 더위를 피하는 일

- 避亂**피란** - 전쟁 등의 난리를 피하여 있던 곳을 옮김
- 避雷針**피뢰침** - 낙뢰의 피해를 막기 위하여 설치한 장치
- 避凶趨吉**피흉추길** - 흉한 일을 피하고 길한 일에 나아감
- 暑感**서감** - 여름에 드는 감기
- 暑氣**서기** - 더운 기운
- 暑炎**서염** - 타는 듯한 더위

彼	仞	此	此차

- ❖ 저 피
- ❖ that 피
- ❖ 댓 피

- ❖ 이 차
- ❖ this 차
- ❖ 디스 차

彼此 ☞ 저것과 이것

- 彼我**피아** - 그와 나, 자타(自他)
- 彼岸**피안** - 저 쪽, 물가, 언덕
- 彼一時此一時**피일시차일시** - 그때는 그 때, 이때는 이 때
- 此日彼日**차일피일** - 오늘 내일 하며 기한을 미룸
- 此後**차후** - 이다음, 그 뒤
- 此時**차시** - 지금, 이 때

必	필	須	수

- ❖ 반드시 필
- ❖ surely 필
- ❖ 슈얼리 필

- ❖ 모름지기 수
- ❖ necessarily 수
- ❖ 네서세럴리 수

必須 ☞ 꼭 필요로 함

- 必讀**필독** - 꼭 읽어야 함
- 必勝**필승** - 꼭 이김
- 必要**필요** - 꼭 소용이 됨
- 須臾**수유** - 잠시
- 須知**수지** - 마땅히 알아야 할 일
- 須要**수요** - 소중한 것, 없어서는 안 될 일

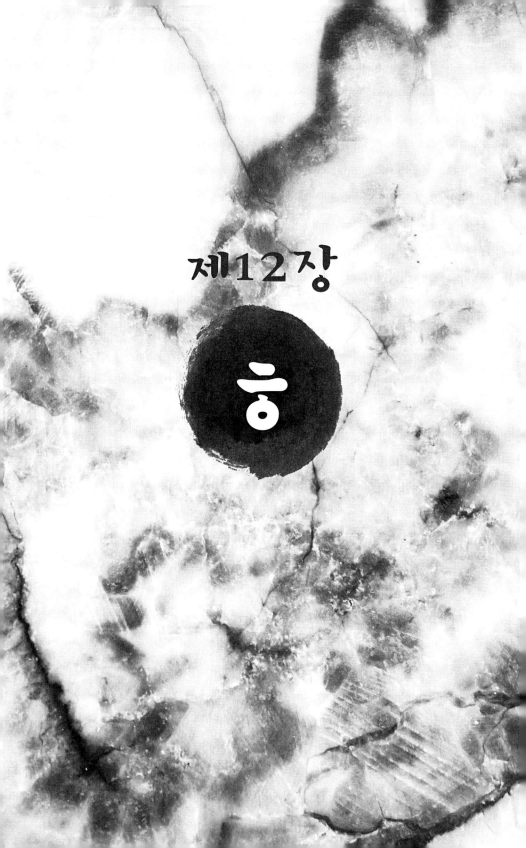

제12장

흥

❖ 배울 학
❖ learn 학
❖ 러-언 학

❖ 학교 교
❖ school 교
❖ 스쿨- 교

學校 ☞ 학생에게 교육을 실시하는 기관

- 學生**학생** - 학예를 배우는 사람, 학교에서 공부하는 사람
- 學年**학년** - 일 년간의 학습 과정의 단위
- 學歷**학력** - 수학(修學)한 이력(履歷)
- 校旗**교기** - 학교를 대표하는 기
- 校舍**교사** - 학교의 건물
- 校庭**교정** - 학교의 운동장

	日한		

❖ 한국 한(나라이름 한)
❖ Korea 한
❖ 코리-아 한

❖ 나라 국
❖ state 국
❖ 스테이트 국

韓國 ☞ 대한민국(Korea)

- 韓國銀行**한국은행** - 한국의 중앙은행
- 韓服**한복** - 우리나라 고래의 의복
- 韓人**한인** - 한국사람
- 國家**국가** - 나라
- 國籍**국적** - 국가의 구성원이 되는 자격
- 國防**국방** - 외적에 대한 국가의 방위

漢		字	

❖ 한나라 한
❖ Han-country 한
❖ 한-컨트리 한

❖ 글자 자
❖ letter 자
❖ 레터 자

漢字 ☞ 중국의 글자

- 漢江**한강** - 한국의 중부에 있어, 황해로 들어가는 강
- 漢文**한문** - 한자로 쓴 글
- 漢詩**한시** - 한문으로 된 시
- 字句**자구** - 글자와 글귀
- 字體**자체** - 글자의 모양
- 字典**자전** - 글자를 모아 발음, 뜻 등을 해석한 책

寒		泉	

❖ 찰 한
❖ cold 한
❖ 코울드 한

❖ 샘 천
❖ spring 천
❖ 스프링 천

寒泉 ☞ 찬 물이 솟는 샘

- 寒氣**한기** - 몸에 느껴지는 으스스한 기운
- 寒士**한사** - 가난한 선비
- 寒冷**한랭** - 추움
- 泉脈**천맥** - 땅 속에 있는 샘 줄기
- 泉石**천석** - 샘과 돌, 산수의 경치
- 泉水**천수** - 샘에서 나는 물

割	할	引	인

* 나눌 할
* divide 할
* 디바이드 할

* 끌 인
* pull 인
* 풀 인

割引할인 ☞ 일정한 값에서 얼마를 감함

- 割當**할당** - 분배함, 몫몫이 나눔
- 割賦**할부** - 분할하여 배당함
- 割增**할증** - 일정한 액수에 몇 할을 더함
- 引繼**인계** - 하던 일을 넘겨 줌
- 引受**인수** - 물건이나 권리를 넘기어 받음
- 引率**인솔** - 사람을 이끌고 감

艦	舟함	隊	阝대

* 배 함
* vessel 함
* 베슬 함

* 떼 대
* company 대
* 캄퍼니 대

艦隊함대 ☞ 군함으로 편성된 해상 부대

- 艦上**함상** - 군함의 위
- 艦艇**함정** - 군함
- 艦載機**함재기** - 항공모함에 실은 비행기
- 隊列**대열** - 대를 지어 늘어선 행렬
- 隊員**대원** - 대를 이루고 있는 사람
- 隊伍**대오** - 군대 행렬의 줄

合	會	格	

* 합할 합
* join 합
* 조인 합

* 바로잡을 격
* formal 격
* 포어멀 격

合格 ☞ 어떤 조건이나 격식에 적합함

* 合計**합계** - 한데 몰아서 계산함
* 合當**합당** - 꼭 알맞음
* 合同**합동** - 여럿이 모여 함께 함
* 格式**격식** - 격에 어울리는 법식
* 格言**격언** - 사리에 맞아 교훈이 될 만한 짧은 말
* 格調**격조** - 사람의 품격(品格), 인격(人格)

該	言해	當	

* 그 해
* that 해
* 댓 해

* 마땅 당
* suitable 당
* 수-터블 당

該當 ☞ 바로 들어맞음

* 該氏**해씨** - 그 분, 그 사람
* 該校**해교** - 그 학교
* 該博**해박** - 학문이 넓음 사물에 관하여 널리 앎
* 當局**당국** - 어떤 일을 처리하는 임무를 담당하는 곳
* 當分間**당분간** - 얼마동안
* 當選**당선** - 선거 등에서 선출됨

海	洲	賊	賊

- ❖ 바다 해
- ❖ sea 해
- ❖ 시- 해

- ❖ 도둑 적
- ❖ thief 적
- ❖ 시-프 적

海賊 ☞ 해상에서 재물을 강탈하는 도둑

- 海上해상 - 바다 위
- 海水浴해수욕 - 바닷물에 목욕함
- 海邊해변 - 바닷가
- 賊反荷杖적반하장 - 잘못한 사람이 도리어 성을 냄
- 賊魁적괴 - 도둑의 괴수
- 賊子적자 - 불효자(不孝子), 불충불효한 사람

鄕	鄕	愁	念

- ❖ 시골 향
- ❖ country 향
- ❖ 컨트리 향

- ❖ 시름 수
- ❖ anxiety 수
- ❖ 앵자이어트 수

鄕愁 ☞ 고향이 그리워 느끼는 슬픔

- 鄕里향리 - 나서 자라난 고향의 마을
- 鄕土향토 - 시골, 고향땅
- 鄕夢향몽 - 고향을 그리워하여 꾸는 꿈
- 愁心수심 - 근심스러운 마음
- 愁心歌수심가 - 평안도 지방의 민요
- 愁色수색 - 근심스러운 기색

現	玉현	代	亻대

- ❖ 나타날 **현**
- ❖ appear **현**
- ❖ 어피어 **현**

- ❖ 대신할 **대**
- ❖ substitute **대**
- ❖ 서브스터튜-트 **대**

現代 현재의 시대

- 現金**현금** - 현재 가지고 있는 돈
- 現在**현재** - 이제
- 現住所**현주소** - 현재 거주하고 있는 곳
- 代金**대금** - 물건 값
- 代理**대리** - 남을 대신하여 일을 처리함
- 代讀**대독** - 남의 글을 대신해서 읽음

刑	혱	罰	뻘

- ❖ 형벌 **형**
- ❖ punishment **형**
- ❖ 퍼니쉬먼트 **형**

- ❖ 벌할 **벌**
- ❖ punish **벌**
- ❖ 퍼니쉬 **벌**

刑罰 범죄 행위자에게 주는 벌

- 刑期**형기** - 형의 집행 기간
- 刑事**형사** - 형법의 적용을 받는 사건
- 刑法**형법** - 범죄와 형벌에 관한 법률
- 罰金**벌금** - 징계하여 벌로 받는 돈
- 罰則**벌칙** - 죄를 범한 자를 처벌하는 규칙
- 罰責**벌책** - 처벌하여 꾸짖음

兄	형	弟	제

- ❖ 맏 형
- ❖ elder brother 형
- ❖ 엘더 브러더 형

- ❖ 아우 제
- ❖ younger brother 제
- ❖ 영거 브러더 제

兄弟 ☞ 형과 아우

- 兄嫂**형수** - 형의 아내
- 兄夫**형부** - 언니의 남편
- 兄友弟恭**형우제공** - 형제간에 서로 우애를 다함
- 弟嫂**제수** - 아우의 아내
- 弟子**제자** - 스승의 가르침을 받는 사람
- 弟昆**제곤** - 아우와 형

亨	형	通	통

- ❖ 형통할 형
- ❖ success 형
- ❖ 석세스 형

- ❖ 통할 통
- ❖ through 통
- ❖ 스루- 통

亨通 ☞ 온갖 일이 뜻대로 잘 됨

- 亨嘉**형가** - 좋은 시기에 만남
- 亨途**형도** - 평탄한 길
- 亨國**형국** - 임금이 즉위하여 나라를 계승하는 일
- 通過**통과** - 지나감
- 通行**통행** - 통하여 다님
- 通學**통학** - 학교에 다님

惠	恵	澤	澤

- ❖ 은혜 혜
- ❖ favor 혜
- ❖ 페이버 혜

- ❖ 못 택
- ❖ pond 택
- ❖ 판드 택

惠澤 ☞ 은혜와 덕택

- 惠福혜복 - 은혜로운 행복
- 惠康혜강 - 은혜를 베풀어 편안하게 함
- 惠雨혜우 - 만물을 촉촉이 적시어 자라게 하는 비
- 澤畔택반 - 못가
- 澤雨택우 - 만물을 적시어 주는 좋은 비
- 澤及萬世택급만세 - 혜택이 영원히 미침

豪	호	傑	걸

- ❖ 호걸 호
- ❖ gallant 호
- ❖ 갤런트 호

- ❖ 뛰어날 걸
- ❖ heroic 걸
- ❖ 히로우익 걸

豪傑 ☞ 기개와 풍모가 뛰어난 사람

- 豪華호화 - 매우 사치스럽고 화려함
- 豪氣호기 - 호방한 기상
- 豪言호언 - 의기양양하게 하는 말
- 傑出걸출 - 썩 뛰어남
- 傑閣걸각 - 크고 높은 누각
- 傑作걸작 - 뛰어나게 좋은 작품, 명작(名作)

浩	浩	氣	氕

- ❖ 넓을 호
- ❖ vast 호
- ❖ 배스트 호

- ❖ 기운 기
- ❖ air 기
- ❖ 에어 기

浩氣 ☞ 호연한 기운

- 浩大**호대** - 아주 넓고 큼
- 浩然**호연** - 마음이 넓고 뜻이 아주 큰 모양
- 浩蕩**호탕** - 넓고 큰 모양
- 氣力**기력** - 힘, 원기(元氣)
- 氣分**기분** - 마음에 저절로 느껴지는 상태
- 氣色**기색** - 얼굴에 나타나는 기분과 얼굴 빛

號	號	令	令

- ❖ 부르짖을 호
- ❖ shout 호
- ❖ 샤우트 호

- ❖ 명령 령
- ❖ order 령
- ❖ 오어더 령

號令 ☞ 지휘하여 명령함

- 號角**호각** - 불어서 소리를 내는 신호용의 물건
- 號外**호외** - 정기 이외 임시로 발행하는 신문
- 號笛**호적** - 사이렌 신호로 부는 피리
- 令息**영식** - 남의 아들에 대한 경칭
- 令愛**영애** - 남의 딸에 대한 경칭
- 令夫人**영부인** - 남의 부인에 대한 경칭

戶	호	籍	적

❖ 지게 호
❖ door 호
❖ 도어 호

❖ 문서 적
❖ register 적
❖ 레지스터 적

戶籍 ☞ 호수와 식구별로 기록한 장부

- 戶口**호구** - 집 수와 식구 수
- 戶別訪問**호별방문** - 가가호호 찾아다님
- 戶主**호주** - 한 집안의 주장이 되는 사람
- 籍沒**적몰** - 중죄인의 재산을 몰수함
- 籍甚**적심** - 명예·평판 등이 여러 사람 입에 오르내림
- 籍田**적전** - 임금이 몸소 갈던 밭

呼	호	吸	흡

❖ 부를 호
❖ call 호
❖ 코-올 호

❖ 숨 쉴 흡
❖ breath 흡
❖ 브레스 흡

呼吸 ☞ 숨을 내쉼과 들이마심

- 呼價**호가** - 값을 부름
- 呼名**호명** - 이름을 부름
- 呼出**호출** - 불러냄
- 吸收**흡수** - 빨아들임
- 吸煙**흡연** - 담배를 피움
- 吸引力**흡인력** - 빨아서 이끄는 힘

畫	画	廊	庲

- ❖ 그림 화
- ❖ picture 화
- ❖ 픽쳐 화

- ❖ 복도 랑
- ❖ corridor 랑
- ❖ 코-러더 랑

畫廊 ☞ 미술품 전시하는 곳 · 갤러리

- 畫家화가 - 그림 그리기를 전문으로 하는 사람
- 畫伯화백 - 화가의 경칭
- 畫室화실 - 화가가 작업하는 방
- 廊腰낭요 - 복도
- 廊下낭하 - 행랑
- 廊廟之器낭묘지기 - 재상이 되어 정사를 맡을 만한 재능

和	화	睦	目목

- ❖ 화할 화
- ❖ peaceable 화
- ❖ 피-서블 화

- ❖ 화목할 목
- ❖ friendly 목
- ❖ 프렌들리 목

和睦 ☞ 뜻이 맞고 정다움

- 和氣靄靄화기애애 - 온화한 기색이 넘쳐흐르는 모양
- 和樂화락 - 화평하고 즐거움
- 和解화해 - 다툼질을 그치고 풂
- 睦友목우 - 형제간의 사이가 좋음
- 親睦친목 - 서로 친해 화목함
- 睦崇목숭 - 화목하게 모임

化	化	粧	粧

❖ 될 화
❖ change 화
❖ 체인지 화

❖ 단장할 장
❖ adorn 장
❖ 어도언 장

化粧 ☞ 분·연지 등으로 얼굴을 곱게 꾸밈

- 化遷**화천** - 변천
- 化合力**화합력** - 화합(化合)을 이루는 힘
- 化粧室**화장실** - 변소
- 粧鏡**장경** - 경대, 화장용 거울
- 粧刀**장도** - 평복에 차는 작은 칼 장도칼
- 粧飾**장식** - 겉을 매만져 꾸밈

貨	貨	幣	幣

❖ 재화 화
❖ goods 화
❖ 굿즈 화

❖ 비단 폐
❖ silk 폐
❖ 실크 폐

貨幣 ☞ 돈

- 貨物**화물** - 운반할 수 있는 유형의 재화
- 貨殖**화식** - 재산을 늘림
- 貨主**화주** - 화물의 주인
- 幣物**폐물** - 선사하는 물건
- 幣帛**폐백** - 처음 시부모께 절을 하고 올리는 대추, 포 등
- 幣聘**폐빙** - 예물을 갖추어 손님을 초빙함

確	石확	認	言인

- ❖ 확실할 확
- ❖ certain 확
- ❖ 서-턴 확

- ❖ 알 인
- ❖ recognize 인
- ❖ 레커그나이즈 인

確認 ☞ 확실히 인정함

- 確信확신 - 확실히 믿음
- 確定확정 - 틀림없이 작정함
- 確實확실 - 틀림이 없음
- 認定인정 - 정당하다고 알아 줌
- 認可인가 - 인정하여 허락함
- 認知인지 - 인정하여 앎

擴	扌확	張	弓장

- ❖ 넓힐 확
- ❖ expansion 확
- ❖ 익스팬션 확

- ❖ 베풀 장
- ❖ bestow 장
- ❖ 비스토우 장

擴張 ☞ 범위·세력 등을 늘여 넓힘

- 擴大鏡확대경 - 돋보기
- 擴散확산 - 흩어져 번짐
- 擴充확충 - 넓혀 충실하게 함
- 張本人장본인 - 어떠한 일을 빚어낸 바로 그 사람
- 張大장대 - 일이 크게 벌어져 거창함
- 張장 - 종이나 가마니 등을 세는 데 쓰는 말

歡		迎	

❖ 기쁠 환
❖ please 환
❖ 플리-즈 환

❖ 맞이할 영
❖ meet 영
❖ 미-트 영

歡迎 ☞ 호의를 표하여 즐거이 맞이함

• 歡談**환담** - 정답고 즐겁게 서로 주고받는 이야기
• 歡待**환대** - 정성껏 후하게 대접함
• 歡聲**환성** - 기뻐서 고함치는 소리
• 迎接**영접** - 손님을 맞아 대접함
• 迎新**영신** - 새해를 맞음
• 迎入**영입** - 환영하여 맞아들임

換		率	율

❖ 바꿀 환
❖ exchange 환
❖ 익스췌인지 환

❖ 비율 율(거느릴 솔)
❖ ratio 율
❖ 레이시오우 율

換率 ☞ 환시세

• 換算**환산** - 어떤 단위를 다른 단위로 계산하여 고침
• 換節期**환절기** - 계절이 바뀌는 시기
• 換氣**환기** - 공기를 바꾸어 넣음
• 能率**능률** - 일정한 시간에 해낼 수 있는 일의 비율
• 比率**비율** - 어떤 수나 양의 다른 수나 양에 대한 비
• 率先**솔선** - 남보다 앞섬

皇		帝	

❖ 임금 황
❖ emperor 황
❖ 엠퍼러 황

❖ 임금 제
❖ emperor 제
❖ 엠퍼러 제

皇帝 ☞ 제국의 군주의 존칭

- 皇城**황성** - 임금이 있는 도성
- 皇太子**황태자** - 황위를 계승할 황자(皇子)
- 皇后**황후** - 황제의 정궁(正宮)
- 帝王**제왕** - 군주국의 원수
- 帝弓**제궁** - 무지개의 다른 이름, 천궁(天弓)
- 帝國**제국** - 제왕이 다스리는 나라

黃		昏	

❖ 누를 황
❖ yellow 황
❖ 옐로우 황

❖ 어두울 혼
❖ dark 혼
❖ 다어크 혼

黃昏 ☞ 해가 지고 어둑어둑할 때

- 黃牛**황우** - 황소
- 黃砂**황사** - 누른 빛깔의 모래
- 黃毛**황모** - 족제비의 꼬리털(붓을 매는 데에 씀)
- 昏迷**혼미** - 마음이 어지러워 희미함
- 昏忘**혼망** - 정신이 혼미하여 잘 잊음
- 昏絶**혼절** - 정신이 혼혼하여 까무러침

會	会	計	計

❖ 모일 회
❖ meet 회
❖ 미-트 회

❖ 계획 계
❖ scheme 계
❖ 스킴- 계

會計 ☞ 따져서 셈함

- 會談회담 - 한 자리에 모여 얘기함
- 會食회식 - 여럿이 모여 함께 음식을 먹는 일
- 會社회사 - 영리를 목적으로 설립된 사단 법인
- 計算계산 - 셈을 헤아림
- 計策계책 - 계교와 방책
- 計劃계획 - 계교(計較)하여 일의 얽이를 잡음

懷	忄回	抱	抱

❖ 품을 회
❖ bosom 회
❖ 부점 회

❖ 안을 포
❖ embrace 포
❖ 임브레이스 포

懷抱 ☞ 가슴 속에 품은 생각

- 懷古회고 - 옛 자취를 돌이켜 생각함
- 懷裡회리 - 마음 속
- 懷疑회의 - 의심을 품음
- 抱擁포옹 - 품에 껴안음
- 抱才포재 - 품은 재주
- 抱負포부 - 마음에 품고 있는 생각과 자신

獲	獲	得	得

- ❖ 얻을 획
- ❖ gain 획
- ❖ 게인 획

- ❖ 얻을 득
- ❖ gain 득
- ❖ 게인 득

獲得 ☞ 얻음

- 獲利획리 - 득리(得利 이익을 얻음)
- 獲唱획창 - 궁술 대회에서 "맞혔소" 하고 외치는 사람
- 獲得免疫획득면역 - 후천적으로 면역을 획득한 상태
- 得名득명 - 명성이 높아짐
- 得勢득세 - 세력을 얻음
- 得失득실 - 얻음과 잃음

孝	孝	誠	誠

- ❖ 효도 효
- ❖ piety 효
- ❖ 파이어티 효

- ❖ 정성 성
- ❖ sincerity 성
- ❖ 신세러티 성

孝誠 ☞ 부모를 섬기는 정성

- 孝道효도 - 효행(孝行)의 도
- 孝子효자 - 부모를 잘 섬기는 아들
- 孝鳥효조 - 까마귀
- 誠金성금 - 정성으로 내는 돈
- 誠實성실 - 거짓이 없고 참됨
- 誠意성의 - 참되고 정성스러운 뜻

厚	厚	德	彳덕

❖ 두터울 후
❖ thick 후
❖ 식 후

❖ 덕 덕
❖ virtue 덕
❖ 버-츄- 덕

厚德 ☞ 두터운 덕행

- 厚意**후의** - 두텁고 인정 있는 마음
- 厚恩**후은** - 두터운 은혜
- 厚待**후대** - 후한 대접
- 德望**덕망** - 유덕한 명망
- 德分**덕분** - 남에게 어질고 고마움을 베푸는 일
- 德談**덕담** - 잘 되기를 비는 말

訓	言훈	練	

❖ 가르칠 훈
❖ instruct 훈
❖ 인스트럭트 훈

❖ 익힐 련
❖ practise 련
❖ 프랙티스 련

訓練 ☞ 가르침을 받아 단련함

- 訓放**훈방** - 훈계 방면
- 訓長**훈장** - 글방의 스승
- 訓話**훈화** - 교훈하는 말
- 練習**연습** - 학문, 기예 등을 연마하여 익힘
- 練習帳**연습장** - 연습하는 필기장
- 練兵場**연병장** - 병사를 교련 연습시키는 곳

毀	毇	損	捒

- ❖ 헐 훼
- ❖ ruin 훼
- ❖ 루인 훼

- ❖ 덜 손
- ❖ diminish 손
- ❖ 디미니쉬 손

毀損 ☞ 헐거나 깨뜨려 못쓰게 함

- 毀謗**훼방** - 남을 헐뜯어 비방함
- 毀傷**훼상** - 몸에 상처를 냄
- 毀棄**훼기** - 헐거나 깨뜨려 버림
- 損益**손익** - 손해와 이익
- 損害**손해** - 해를 봄
- 損失**손실** - 축나서 없어짐

休	侞	息	悤

- ❖ 쉴 휴
- ❖ rest 휴
- ❖ 레스트 휴

- ❖ 숨쉴 식
- ❖ breathe 식
- ❖ 브레드 식

休息 ☞ 잠깐 쉼

- 休暇**휴가** - 학교, 직장, 군대, 등에서 일정 기간 쉬는 일
- 休養**휴양** - 편안히 쉬면서 심신을 보양함
- 休職**휴직** - 봉급생활자가 일정한 기간 직무를 쉼
- 息耕**식경** - 논밭의 면적을 어림으로 헤아리는 말
- 息土**식토** - 비옥한 토지
- 息訟**식송** - 서로 화해하여 소송을 그침

戲		曲	곡

❖ 희롱 희
❖ prank 희
❖ 프랭크 희

❖ 굽을 곡
❖ bend 곡
❖ 벤드 곡

戲曲 ☞ 연극의 각본

- 戲劇**희극** - 익살을 부리는 연극
- 戲弄**희롱** - 말, 행동으로 실없이 놀리는 짓
- 戲墨**희묵** - 자기의 그림이나 글씨에 대한 겸칭
- 曲名**곡명** - 곡조의 이름, 곡목(曲目)
- 曲調**곡조** - 음악이나 가사의 가락
- 曲線**곡선** - 부드럽게 구부러진 선

希		望	

❖ 바랄 희
❖ hope 희
❖ 호우프 희

❖ 바랄 망
❖ hope 망
❖ 호우프 망

希望 ☞ 꼭 이루어지기를 바라는 일

- 希求**희구** - 원하며 바람
- 希臘**희랍** - '그리스'의 한자말
- 希願**희원** - 희망(希望)
- 望遠鏡**망원경** - 먼 곳의 물체를 크게 보이도록 만든 장치
- 望月**망월** - 보름달, 달을 바라봄
- 望鄕歌**망향가** - 타향에서 고향을 생각하며 부르는 노래